Paramahansa Yogananda
(1893 – 1952)

La
SCIENCE
de la
RELIGION

de
Paramahansa Yogananda

Préface de
Douglas Ainslie, B.A., M.R.A.S.

Self-Realization Fellowship
FOUNDED 1920
Paramahansa Yogananda

QUELQUES MOTS SUR CE LIVRE : Première œuvre publiée de Paramahansa Yogananda, *La Science de la Religion* occupe une place particulière dans la collection de livres et d'enregistrements de la Self-Realization Fellowship. Cet ouvrage constitue, sous une forme légèrement développée, la conférence inaugurale de Sri Yogananda en Amérique, ce discours historique dans lequel il présenta pour la première fois ses enseignements au monde occidental. Prononcé en 1920 lors d'un congrès international de dirigeants spirituels à Boston, ce discours fut accueilli avec enthousiasme par les délégués ainsi que par le public qui put l'obtenir dans sa version imprimée. En 1924, Sri Yogananda fit en sorte que son organisation en présenta une édition révisée et élargie. Depuis, cet ouvrage a été publié sans interruption. Ajoutée en 1928, une préface de la plume du célèbre homme d'état et philosophe britannique, Douglas Grant Duff Ainslie, orne toutes les éditions ultérieures.

Titre original de l'ouvrage en anglais publié par la
Self-Realization Fellowship, Los Angeles (Californie) :

THE SCIENCE OF RELIGION

SBN-13: 978-0-87612-005-7
ISBN-10: 0-87612-005-2

Traduit en français par la Self-Realization Fellowship
Copyright © 2012 Self-Realization Fellowship

Édition autorisée par le Conseil des Publications
internationales de la Self-Realization Fellowship

Le nom « Self-Realization Fellowship » et l'emblème ci-dessus apparaissent sur tous les livres, enregistrements et autres publications de la SRF, garantissant aux lecteurs qu'une œuvre provient bien de la société établie par Paramahansa Yogananda et rend fidèlement ses enseignements.

Première édition en français de la Self-Realization Fellowship, 2012
First edition in French from Self-Realization Fellowship, 2012

ISBN-13 : 978-0-87612-189-4
ISBN-10 : 0-87612-189-X

1161-J1992

L'héritage spirituel de Paramahansa Yogananda

Ses écrits complets, ses exposés et ses propos informels

Paramahansa Yogananda fonda la Self-Realization Fellowship [1] en 1920 pour qu'elle répande ses enseignements dans le monde entier tout en préservant leur pureté et leur intégrité pour les générations futures. Écrivain et conférencier prolifique dès ses premières années sur le sol américain, il créa une œuvre volumineuse et renommée sur la science du yoga et de la méditation, sur l'art de vivre une vie équilibrée et sur l'unité sous-jacente de toutes les grandes religions. Aujourd'hui, cet héritage spirituel exceptionnel et d'une portée considérable est toujours vivant, inspirant des millions de chercheurs de vérité dans le monde entier.

En accord avec les souhaits explicites du grand maître, la Self-Realization Fellowship continue à publier de façon ininterrompue *Les œuvres complètes de Paramahansa Yogananda*. Cette tâche inclut non seulement les éditions finales de tous les livres qu'il publia durant sa vie, mais également de nombreux nouveaux titres, comme les ouvrages qui n'étaient pas encore publiés au moment de sa mort en 1952 ou qui l'ont été de manière incomplète au fil des ans sous forme de séries dans les magazines de la Self-Realization Fellowship, sans compter des centaines de conférences et de propos informels profondément édifiants, recueillis mais non imprimés avant sa mort.

Paramahansa Yogananda choisit et forma personnellement de proches disciples pour diriger le Conseil des Publications de la Self-Realization Fellowship en leur donnant des instructions précises pour la préparation et la publication de ses enseignements. Les membres du Conseil des Publications de la SRF (des moines et des religieuses ayant prononcé leurs vœux de

---

[1] Littéralement «Société de la réalisation du Soi.» Paramahansa Yogananda a expliqué que le nom *Self-Realization Fellowship* signifie «Communion avec Dieu à travers la réalisation du Soi et amitié avec tous ceux qui cherchent la Vérité.» (Voir aussi «Buts et Idéaux de la Self-Realization Fellowship».)

renoncement définitif et de service désintéressé) respectent ces directives à la façon d'une tâche sacrée, afin que le message universel de ce maître bien-aimé, ce grand enseignant de l'humanité, puisse se perpétuer dans sa puissance et son authenticité originelles.

L'emblème de la Self-Realization Fellowship (représenté ci-dessus) fut choisi par Paramahansa Yogananda pour identifier l'organisation à but non lucratif qu'il fonda pour être la source autorisée de ses enseignements. Le nom Self-Realization Fellowship (en abrégé SRF) et l'emblème apparaissent sur toutes les publications et tous les enregistrements de la SRF, donnant ainsi au lecteur la garantie que ces œuvres proviennent bien de l'organisation fondée par Paramahansa Yogananda et qu'elles transmettent fidèlement ses enseignements comme il souhaitait lui-même qu'ils soient transmis.

Self-Realization Fellowship

Ce livre est affectueusement dédié à la mémoire de feu l'honorable Maharaja Sri Manindra Chandra Nundy de Kasimbazar au Bengale, pour sa piété et sa générosité à l'égard de nombreuses œuvres méritantes ainsi que pour son patronage précurseur qui a permis au premier internat scolaire de garçons de la Yogoda Satsanga à Ranchi, au Bihar, en Inde, de voir le jour.

PRÉFACE

de Douglas Grant Duff Ainslie
(1865 – 1952)

*(Homme d'état britannique, poète et philosophe;
délégué au Congrès international de Philosophie, Université
de Harvard)*

Ce petit livre offre la clé de l'univers.

Sa valeur se situe au-delà d'une appréciation verbale, car en quelques pages seulement, on trouve
réunies ici, à la portée du grand public pour la première fois, la fine fleur des *Védas* et des *Upanishads*,
l'essence de Patanjali, le plus illustre représentant de
la philosophie et de la méthode du yoga ainsi que la
pensée de Shankara, le plus grand esprit ayant jamais
demeuré dans un corps mortel.

Il s'agit là de la déclaration délibérée de quelqu'un
qui, après bien des errements, a finalement trouvé en
Orient la solution des énigmes du monde. Les Hindous
ont révélé la Vérité au monde entier, ce qui est parfaitement naturel si l'on considère qu'il y a plus de cinq
mille ans, ils se penchaient déjà sur les mystères de la
vie et de la mort – dont nous savons maintenant qu'ils
ne font qu'un – tandis que les ancêtres des Gaulois ou
des Bretons, des Grecs et des Latins vagabondaient encore, en bons Barbares, dans les vastes forêts d'Europe
en quête de nourriture.

Le point essentiel qui doit être relevé dans l'enseignement de Paramahansa Yogananda, à la différence
des philosophes européens tels que Bergson, Hegel
et autres, est qu'il n'est pas spéculatif mais pratique,

même lorsqu'il traite des plus hautes sphères de la métaphysique. La raison en est que les Hindous sont les seuls parmi le genre humain à avoir soulevé le voile et à posséder une connaissance réelle qui ne soit pas philosophique – c'est-à-dire amour de la sagesse –, mais sagesse elle-même. Car lorsqu'elle s'exprime en termes de dialectique verbale, cette connaissance s'expose forcément aux critiques des philosophes dont le propre, comme le disait Platon, est d'être continuellement engagés dans des discussions. La Vérité ne peut s'exprimer par des mots, car lorsqu'ils sont utilisés, serait-ce par un Shankara, les esprits subtils sont toujours en mesure de déceler une faille par où attaquer. En fait, le fini ne peut contenir l'infini. La Vérité n'est pas un éternel débat; elle est la Vérité. Il s'ensuit qu'elle ne peut être connue au-delà du doute qu'à travers une réalisation personnelle authentique, par une pratique ou une méthode telle que nous l'offre Paramahansa Yogananda.

Tout le monde désire la félicité, comme Paramahansa l'a dit et prouvé, mais la plupart s'égarent dans leur soif illusoire du plaisir. Bouddha lui-même n'a jamais énoncé plus clairement que c'est le désir, suivi dans l'ignorance, qui conduit au marasme de la souffrance dans lequel la vaste majorité de l'humanité se débat désespérément.

Mais Bouddha n'a pas su exposer avec la même clarté la quatrième des quatre manières d'atteindre l'état de félicité auquel nous aspirons tous. Cette manière est de loin la plus aisée, mais son exécution pratique requiert la direction d'un expert. Cet expert est maintenant parmi nous pour donner à l'Occident la technique et les règles simples qui furent transmises pendant des siècles par les anciens philosophes de l'Inde et qui conduisent à la réalisation, c'est-à-dire à un état de félicité permanente.

Ce contact direct a toujours été souligné dans la pensée et dans les pratiques hindoues comme étant de prime importance. Jusqu'à aujourd'hui, il est resté inaccessible à tous ceux qui n'ont pas eu la bonne fortune de résider en Inde. Maintenant que nous l'avons en Occident, en fait à nos portes, il serait bien insensé d'éviter ou de négliger de faire l'essai d'une pratique qui est en elle-même la source d'une intense félicité, « d'un bonheur extrême, infiniment plus pur que celui que pourrait nous apporter la plus grande des jouissances venant de nos cinq sens ou de notre esprit », comme le déclare en toute sincérité Paramahansa Yogananda, ajoutant : « Je ne désire donner à quiconque d'autre preuve de véracité que celle que lui livrera sa propre expérience. »

Le premier pas peut être fait en lisant ce petit livre ; les autres étapes nécessaires pour atteindre cet état de félicité absolue suivront naturellement.

Je voudrais conclure en citant quelques vers de mon poème « Jean de Damas » dans lequel je tente de suggérer par la poésie ce qui est accompli dans le présent ouvrage. Les paroles sont celles du Bouddha qui, pour nous, est Paramahansa Yogananda, étant donné que Bouddha signifie simplement « celui qui sait ».

> Longtemps j'ai erré, chantait-il alors, longtemps,
> Enchaîné par des vies de souffrances infinies
> Au compte innombrable : j'ai les crocs ressenti
> De mon moi en feu et de mes désirs ardents.

> Trouvée, exultait-il, elle est trouvée la Cause,
> De mon moi en feu et de mes désirs sauvages.
> Aucune demeure, Ô Architecte, pour moi

Ne pourra jamais plus avoir ni murs, ni toit.

Brisés sont tes chevrons, éparpillées autant
Poutres et planches de ton toit, entièrement :
Tu ne feras plus aucune maison pour moi.
Mien est le Nirvana ; mien ce bonheur de roi,
Déjà à ma portée, présent devant mes yeux.
À cette heure si je veux, à cette heure je le peux :
Rejoindre l'éternité, traverser l'espace
Vers la félicité, ne laissant point de trace
De ce que j'ai été ici ou bien ailleurs.

Mais vois quel amour je te porte, quel amour !
Puisque je reste, humanité, pour toi seule,
Afin de bâtir de mes propres mains un pont
Qui, si tu le traverses, te fera gagner
La liberté sur la vie, la mort, la souffrance
Et atteindre la félicité éternelle.

Nous avons le constructeur du pont parmi nous. Il construira même le pont de ses propres mains, si nous désirons sincèrement qu'il le fasse.

Londres, Angleterre
Février 1927

AVANT-PROPOS

Des décennies avant que ne se manifeste l'intérêt actuel pour la psychologie et les religions orientales, Paramahansa Yogananda (1893 – 1952) entreprit l'œuvre de sa vie : apporter la science spirituelle intemporelle de l'Inde au monde occidental. En 1920, il fut invité aux États-Unis en qualité de représentant de l'Inde à une conférence internationale de dirigeants spirituels mondiaux à Boston. La conférence qu'il donna à cette occasion, son discours inaugural sur le sol américain, fut publiée peu de temps après sous le titre « The Science of Religion ». Depuis lors, ce texte a été publié en plusieurs langues et sert d'ouvrage de référence dans les universités et autres institutions d'enseignement supérieur.

La Science de la Religion, œuvre concise, expose avec une simplicité et une profondeur remarquables l'objectif commun de toutes les véritables religions ainsi que les quatre grandes voies qui permettent de l'atteindre. Il s'agit d'un message universel fondé, non pas sur des croyances dogmatiques, mais sur une introspection directe de la Réalité, acquise par la pratique de techniques ancestrales de méditation scientifique.

Self-Realization Fellowship

LA SCIENCE DE LA RELIGION

INTRODUCTION

L'objet de cet ouvrage est de donner un aperçu de ce qu'il importe d'entendre par religion, afin de pouvoir reconnaître sa nécessité universelle et pratique. Son but est également de présenter le concept du Divin sous un aspect précis, à savoir celui où Il exerce, à chaque instant de notre vie, une influence directe sur nos actions et nos motivations.

Il est vrai que Dieu est infini dans Sa nature et Ses aspects. Il est également vrai que si l'on voulait dresser un tableau de tous les aspects constitutifs du Divin, un tel exercice – dans la mesure où il serait raisonnable – ne ferait que mettre en évidence les limites de notre esprit humain dans sa tentative d'appréhender Dieu. Pourtant, il est tout aussi vrai que l'esprit humain, en dépit de tous ses défauts, ne peut vraiment bien se contenter de ce qui est fini. Il est naturellement poussé à interpréter ce qui est humain et fini à la lumière de ce qui est surhumain et infini – c'est-à-dire, de ce qu'il ressent, mais ne peut exprimer; de ce qu'il porte implicitement en son for intérieur, mais qui, du fait des circonstances, se refuse à devenir explicite.

Notre conception ordinaire de Dieu est celle d'un Être surhumain, infini, omniprésent, omniscient, et ainsi de suite. Il existe de nombreuses variantes de cette conception générale. Certains considèrent Dieu comme personnel, d'autres comme impersonnel. Ce livre met en évidence que si notre conception de Dieu, quelle qu'elle soit, n'influence pas notre conduite quotidienne, si elle n'inspire pas notre vie de tous les jours et si elle ne s'avère pas d'une nécessité universelle, alors cette conception est vaine.

Si Dieu n'est pas conçu au sens où nous ne saurions nous passer de Lui pour satisfaire le moindre de nos désirs, régler nos relations humaines, gagner de l'argent, lire un livre, passer un examen, accomplir les tâches les plus insignifiantes ou les plus élevées, alors il est évident que nous n'avons encore ressenti aucune connexion entre Dieu et la vie.

Dieu est peut-être infini, omniprésent, omniscient, personnel et miséricordieux, mais ces concepts ne sont pas suffisamment attirants pour nous convaincre de tenter de Le connaître. Nous pouvons tout aussi bien nous passer de Lui. Bien qu'Il soit infini, omniprésent et ainsi de suite, nous ne trouvons pas d'application pratique et immédiate de ces abstractions dans nos vies actives et bien remplies.

Nous ne nous tournons vers ces conceptions que lorsque nous cherchons à justifier, dans des écrits philosophiques et poétiques, des œuvres artistiques ou des conversations idéalistes, une de ces envies imparfaites derrière laquelle se cache notre soif d'absolu ; quand, malgré notre savoir tant vanté, nous sommes à court d'explications pour expliquer les phénomènes les plus communs de l'univers ; ou quand nous échouons à surmonter les vicissitudes de ce monde. « Nous implorons la miséricorde du Tout-Puissant quand nous sommes cernés », dit une maxime orientale. Mais le reste du temps, il apparaît que nous arrivons bien à vivre notre vie de tous les jours sans Lui.

Ces conceptions stéréotypées semblent être les soupapes de sécurité de nos pensées humaines refoulées. Elles expliquent Dieu, mais ne nous incitent pas à Le chercher, car elles manquent de puissance et de motivation. Nous ne *cherchons* pas forcément Dieu lorsque nous Le qualifions d'infini, d'omniprésent, de miséricordieux et d'omniscient. Ces représentations satisfont l'intellect, mais n'apaisent pas l'âme. Si elles sont respectées et chéries en nos cœurs, elles peuvent élargir notre conscience jusqu'à un certain point, nous rendre plus vertueux et soumis envers Lui. Mais elles ne nous Le rendent pas nôtre, car elles ne sont pas assez intimes pour cela. Elles placent Dieu bien au-dessus des préoccupations quotidiennes de ce bas monde.

Ces notions peuvent nous sembler quelque peu étranges quand nous nous trouvons en ville, dans une usine, derrière un comptoir ou dans un bureau. Non que nous soyons complètement indifférents à Dieu et à la religion, mais nous manquons d'une représentation adéquate de ces concepts – une conception qui fasse partie intégrante de la trame de notre vie quotidienne. Notre conception de Dieu devrait nous guider chaque jour, voire chaque heure de notre vie. L'idée même de Dieu devrait nous inciter à Le chercher au cœur de notre vie quotidienne. Voilà ce que nous entendons par une conception pratique et irrésistible de Dieu. Nous devrions retirer la religion et Dieu du domaine de la croyance pour les intégrer dans la sphère de notre vie quotidienne.

Si nous n'insistons pas sur la nécessité de la présence de Dieu dans chaque aspect de notre vie et sur le besoin de religion à chaque minute de notre existence, alors Dieu et la religion s'évadent hors de nos considérations quotidiennes intimes pour n'être plus qu'une affaire dominicale. Dans la première partie de cet ouvrage, nous tenterons de démontrer qu'afin de comprendre la véritable nécessité de Dieu et de la religion, nous devons mettre un accent particulier sur la conception des deux qui est la plus pertinente quant au but essentiel de nos actions de chaque jour et de chaque heure.

Ce livre vise également à démontrer l'universalité et l'unité fondamentale des religions. Il y a eu différentes religions au cours des différentes époques. Elles ont fait l'objet de controverses passionnées, de guerres interminables et beaucoup de sang a été versé en leurs noms. Les religions se sont dressées les unes contre les autres, une secte combattant l'autre. Il existe non seulement une grande variété de religions, mais également une grande diversité de sectes et d'opinions à l'intérieur d'une même religion. La question se pose alors: pourquoi devrait-il y avoir tant de religions alors qu'il n'y a qu'un seul Dieu?

On peut arguer que les stades variables de développement intellectuel et les différents types de mentalités des nations, résultant de leurs situations géographiques particulières et d'autres circonstances externes, déterminent l'origine des religions comme l'Hindouisme, l'Islam et le Bouddhisme pour les Asiatiques, le Christianisme pour les Occidentaux et ainsi de suite. Si par religion nous entendons uniquement les pratiques, les préceptes, les coutumes et les conventions, il peut y avoir suffisamment de raisons pour justifier l'existence de tant de religions. Mais si la religion signifie *principalement* la conscience de Dieu ou la réalisation de Dieu tant intérieure qu'extérieure et *secondairement* un ensemble de croyances, de préceptes et de dogmes, alors, à strictement parler, il n'existe qu'une seule religion au monde, car il n'existe qu'un seul Dieu.

On peut considérer que les diverses coutumes, formes d'adoration, doctrines et conventions constituent les fondements de l'origine des différentes confessions et sectes contenues dans cette religion unique. Ce n'est que lorsque la religion est comprise de cette manière-là que son universalité peut être affirmée; car il n'est pas possible d'universaliser des coutumes et des conventions distinctives. Seul l'élément commun à toutes les religions peut être universalisé; et nous pouvons demander à chacun de le suivre et d'y obéir. C'est alors seulement que l'on pourra dire sans se tromper que la religion n'est pas seulement nécessaire, mais aussi universelle. Chacun peut suivre la même religion, car il n'en existe qu'une, le principe universel de toutes les religions étant unique et identique.

J'ai essayé de démontrer dans ce livre que puisque *Dieu est unique et nécessaire à tous, la religion est unique, essentielle et universelle.* Seuls les chemins y conduisant peuvent, au début, être différents à certains égards. En fait, il est illogique de dire qu'il y a deux religions quand il n'y a qu'un seul Dieu. Il peut y avoir deux confessions ou deux sectes, mais il n'y a qu'une seule religion. Ce que nous appelons aujourd'hui les différentes religions devrait être considéré comme différentes confessions ou différentes sectes au sein de cette religion universelle unique. Et ce que nous nommons aujourd'hui les différentes confessions ou sectes devrait être vu comme les différentes subdivisions en cultes ou professions de foi. Dès lors que nous connaissons la signification du mot « religion », ce dont je vais parler à présent, nous allons, tout naturellement, utiliser ce mot avec beaucoup de circonspection. La façon humaine et limitée de voir les choses manque tout simplement de distinguer le dénominateur commun universel sous-jacent à toutes les religions du monde. Cette faute de discernement a été la cause de bien des maux.

Cet ouvrage donne une définition psychologique de la religion et non pas une définition objective fondée sur des dogmes et des croyances. En d'autres termes, il cherche à faire de la religion une question qui, loin de se borner à l'observance de certaines règles et de certaines préceptes, implique à la fois tout notre être intérieur et toute notre façon d'être.

PREMIÈRE PARTIE

L'universalité, la nécessité et l'unité de la religion

Le but commun de la vie

Nous devons tout d'abord comprendre ce qu'est la religion; alors seulement pourrons-nous juger s'il est nécessaire que nous soyons tous religieux.

Il n'y a pas d'action sans nécessité. Chacune de nos actions possède une finalité propre qui est la raison pour laquelle nous l'accomplissons. Chaque personne agit de différentes façons pour atteindre différents objectifs et une multitude d'objectifs déterminent les actions des êtres humains de par le monde.

Mais existe-t-il un objectif universel qui soit commun à toutes les actions de tous les hommes sur terre? Y a-t-il une nécessité commune supérieure qui nous pousse tous à agir? Une simple analyse des motivations et des objectifs des actions des hommes nous montre que, bien qu'ils aient mille et un buts proches ou immédiats, selon leur vocation ou la profession qu'ils choisissent, leur objectif ultime – que tous les autres ne font que favoriser – est d'échaper à la souffrance et au besoin pour atteindre la Félicité permanente. La question de savoir si nous pouvons nous soustraire définitivement à la douleur et au besoin pour obtenir la Félicité en est une autre; mais le fait est que, dans toutes nos actions, nous essayons de toute évidence

9

d'éviter la souffrance et d'acquérir le plaisir.

Pourquoi un homme entreprend-il un apprentissage ? Parce qu'il désire se spécialiser dans une profession particulière. Pourquoi se lance-t-il dans cette profession-là ? Parce qu'elle lui permet de gagner de l'argent. Mais au fond, pourquoi gagner de l'argent ? Pour satisfaire ses besoins et ceux des siens. Et pourquoi satisfaire ces besoins ? Parce que la souffrance sera ainsi supprimée et le bonheur obtenu.

Le bonheur et la Félicité sont en réalité deux choses différentes. Nous aspirons tous à la Félicité, mais du fait d'une erreur fatale, nous nous imaginons à tort que le plaisir et le bonheur sont la Félicité. Nous verrons plus loin comment nous en sommes arrivés là. L'objectif suprême est vraiment la Félicité, ce que nous pouvons sentir intérieurement; mais le bonheur – ou le plaisir – a pris sa place à cause de notre méprise, et le plaisir en est arrivé à être considéré comme le but ultime.

Nous voyons donc que la satisfaction de certains besoins, la suppression des souffrances physiques ou mentales, des plus légères aux plus aiguës ainsi que la réalisation de la Félicité représentent notre but ultime. Il est vain de se demander pourquoi nous devons obtenir la Félicité, car aucune réponse ne peut nous être donnée. C'est là notre but ultime, quoi que nous fassions : monter une affaire, gagner de l'argent, chercher à se faire des amis, écrire des livres, acquérir des connaissances, gouverner des royaumes, donner des millions, explorer des continents, rechercher la gloire, aider les indigents, devenir philanthropes ou souffrir le martyre. Et nous verrons que la quête de Dieu devient pour nous une réelle évidence si nous maintenons notre véritable objectif rigoureusement en vue. Les étapes peuvent être innombrables, les actes et les motifs intermédiaires incalculables, mais le dessein ultime est toujours le même : atteindre la Félicité permanente, même si une longue chaîne d'actions est nécessaire pour y arriver.

L'homme aime habituellement à faire ce détour pour arriver au but final. Il peut même se suicider pour mettre fin à ses souffrances, tuer pour se débarrasser de certaines formes de désirs, de douleurs ou de cruelles peines de cœur, pensant qu'il atteindra ainsi une satisfaction ou un soulagement réels qu'il confond avec la Félicité. Mais nous retrouvons là encore le même mécanisme (bien qu'erroné) vers le but suprême.

D'aucuns diront : « Le plaisir et le bonheur m'importent peu. Je ne vis que pour accomplir quelque chose, pour arriver au succès. » D'autres prétendront : « Je veux faire le bien en ce monde. Qu'importe si je souffre. » Mais si vous examiniez leurs esprits, vous verriez que c'est toujours le même mécanisme qui les pousse vers le bonheur. Les premiers veulent-ils vraiment un succès qui ne comporte ni plaisir ni bonheur ? Les autres veulent-ils réellement faire du bien autour d'eux sans en retirer aucune satisfaction ? Bien sûr que non. Ils ne se soucient peut-être pas des mille et une souffrances physiques ou mentales qu'on leur inflige ou qui naissent des situations liées à leur désir de réussir ou de faire du bien aux autres ; mais c'est bien parce qu'ils trouvent de nombreuses satisfactions dans le succès ou qu'ils aiment tant le bonheur qui découle de leur générosité que, malgré les difficultés, les premiers recherchent le succès et les seconds le bonheur d'autrui.

Même les motifs les plus altruistes et les intentions les plus sincères de contribuer au seul bien de l'humanité découlent du besoin fondamental d'obtenir pour soi-même un bonheur épuré se rapprochant de la Félicité. Mais il ne s'agit pas du bonheur d'un égoïste engoncé dans son étroit petit moi. C'est le bonheur d'un être largement ouvert, en quête du Soi dans toute sa pureté, celui qui se trouve en vous, en moi et en tous. Ce bonheur est la Félicité, à peine ternie. Ainsi, celui dont les actes désintéressés sont déterminés par la Félicité la plus pure comme seul motif personnel ne peut être accusé d'égoïsme étroit, car on ne peut connaître la vraie Félicité que si l'on est assez large d'idées et de cœur pour la souhaiter aux autres, voire les aider à la trouver. Telle est la loi universelle.

Une définition universelle de la religion

Donc, si nous retraçons très loin en arrière les raisons d'agir des hommes, nous verrons que l'objectif ultime est le même pour tous : la suppression de la souffrance et la réalisation de la Félicité. Cet objectif étant universel, il doit être considéré comme nécessaire entre tous. Et ce qui est universel et indispensable à l'homme devient forcément sa religion. Par conséquent, *la religion consiste nécessairement en une suppression définitive de la souffrance et en la réalisation de la Félicité, c'est-à-dire Dieu.* Les actions que nous devons adopter pour prévenir définitivement la souffrance et réaliser la Félicité ou Dieu sont appelées des actes religieux. Si nous comprenons la religion en ces termes, son universalité devient alors évidente, car personne ne peut nier désirer éviter la souffrance de manière définitive et atteindre la Félicité éternelle. Personne ne pouvant contredire cette vérité, elle doit être universellement admise, l'existence même de

Paramahansa Yogananda avec quelques délégués du Congrès international des religieux libéraux à Boston (Massachusetts) en octobre 1920. Sri Yogananda s'adressa à l'assemblée prestigieuse sur *La Science de la Religion*.

Unity House, le lieu où se déroula le Congrès international des religieux libéraux.

Paramahansa Yogananda s'adressant au public à Denver (Colorado) en août 1924

l'homme en étant indissociable.

Tous les êtres humains veulent vivre parce qu'ils aiment la religion. Même si un homme se suicidait, ce serait par amour de la religion; car en accomplissant cet acte, il espère atteindre un état plus heureux que celui dans lequel il vit. En tout cas, il pense qu'il se débarrassera ainsi de certaines choses qui le faisaient souffrir. Dans son cas, sa religion, toute fruste qu'elle soit, n'en reste pas moins de la religion. Son but est tout à fait valable, étant le même que celui de tout le monde; car tous veulent obtenir le bonheur ou la Félicité. Mais ses moyens pour y parvenir sont dépourvus de toute sagesse. À cause de son ignorance, il ne sait pas ce qui l'amènera à la Félicité, le but de tous les hommes.

Ce que signifie être religieux

Donc, dans un certain sens, tous les hommes sont religieux dans la mesure où chacun d'eux essaie de se défaire de ses besoins comme de ses souffrances tout en aspirant à la Félicité. Tous s'évertuent dans le même but. Mais au sens strict du terme, ils sont peu au monde à être religieux car, bien qu'ayant le même but que tous les autres, quelques-uns seulement connaissent les moyens les plus efficaces pour supprimer de façon définitive toutes souffrances et tous besoins – physiques, mentaux ou spirituels – afin d'obtenir la véritable Félicité.

Le véritable fidèle ne peut s'en tenir à une conception rigide, orthodoxe et étroite de la religion, bien que cette conception soit, d'une certaine façon, liée à celle dont je parle. Si, pendant un certain temps, vous n'allez pas à l'église ou au temple et n'en suivez pas les rites ou les cérémonies, – même si vous vous comportez de manière religieuse dans votre vie ordinaire en étant calme, équilibré, concentré, charitable, heureux jusque dans l'adversité –, les gens enclins à l'orthodoxie ou à une certaine étroitesse d'esprit secoueront la tête avec désapprobation et déclareront que, même si vous essayez d'être bons, vous êtes pourtant « perdus » du point de vue de la religion ou aux yeux de Dieu, car vous n'avez pas récemment franchi le seuil de ces lieux saints.

Bien qu'il ne puisse évidemment exister aucune excuse valable pour rester éloigné de manière permanente de lieux aussi sacrés, il ne peut cependant y avoir aucune raison légitime de considérer quelqu'un comme plus religieux parce qu'il va à l'église, s'il néglige en même temps d'appliquer dans sa vie quotidienne les préceptes prônés par la religion, c'est-à-dire ceux qui conduisent finalement à la réalisation de la Félicité permanente. Ni les bancs d'église, ni les cérémonies ne font la religion. Si vous avez une attitude fervente, si vous vivez chaque jour de votre vie en vue de l'emplir constamment de la conscience immuable de la Félicité, vous serez tout aussi religieux hors d'une église qu'à l'intérieur de ses murs.

Qu'on ne prenne pas cela, bien évidemment, comme un prétexte pour délaisser l'église qui est généralement, et de bien des façons, d'un véritable secours. L'important est de consacrer autant d'efforts pour obtenir le bonheur éternel à l'extérieur de l'église que de temps assis sur un banc à écouter passivement un sermon. Non pas qu'écouter soit une mauvaise chose en soi ; c'est certainement une bonne chose.

La religion nous « relie » à l'Esprit par des lois bienfaisantes

Le mot « religion » vient du latin *religare*, relier. Qu'est-ce qui relie ? Qui est relié et pourquoi ? Toutes explications orthodoxes mises à part, il va sans dire que c'est « nous » qui sommes reliés à l'Esprit. Qu'est-ce qui nous relie ? Ni chaînes ni entraves, bien sûr. On peut dire de la religion qu'elle nous relie à l'Esprit par des règles, des lois ou simplement par des exhortations. Et pourquoi ? Pour faire de nous des esclaves ? Pour nous refuser notre droit de naissance de penser et d'agir librement ? Cela ne serait pas raisonnable. De même que la religion doit avoir une raison d'être suffisante, sa raison de nous « lier » doit également être valable. Mais quelle est cette raison ? La seule réponse rationnelle que nous puissions donner est que la religion nous relie à l'Esprit par des règles, des lois et des exhortations pour nous éviter de dégénérer, afin que nous ne tombions pas dans la souffrance, ni physique, ni mentale, ni spirituelle.

Nous connaissons la souffrance physique et mentale. Mais qu'est-ce que la souffrance spirituelle ? C'est vivre dans l'ignorance de l'Esprit. Bien qu'elle passe souvent inaperçue, la souffrance spirituelle est présente en permanence dans toutes les créatures limitées, alors que les souffrances physiques et mentales s'en vont et s'en viennent. Quelle autre raison, qui ne soit ni absurde ni rebutante, pourrions-nous trouver, hormis celle énoncée, pour attribuer à la religion le terme « relier » ? Il est évident que s'il devait exister d'autres raisons, elles ne pourraient être que subordonnées à celle que nous venons de donner.

Quant à la définition que nous avions donnée

précédemment du mot religion, n'est-elle pas en accord avec la raison d'être du terme « relier » évoquée ci-dessus, tirée de la signification étymologique du mot religion ? Nous avons dit que la religion consistait, en partie, à se soustraire de façon permanente à la douleur, à l'infortune et à la souffrance. Or, la religion ne peut pas seulement se résumer à se débarrasser de quelque chose, comme de la souffrance ; elle doit aussi consister à obtenir autre chose à la place. Elle ne peut être purement négative, mais se doit d'être également positive. Comment pourrions-nous échapper définitivement à la souffrance sans obtenir son opposé, à savoir la Félicité ? Bien que la Félicité ne soit pas exactement l'antonyme de la souffrance, il s'agit en tout cas d'un état de conscience positif auquel nous pouvons nous accrocher afin d'échapper à la souffrance. Car nous ne pouvons évidemment rester indéfiniment suspendus dans un sentiment neutre qui n'est ni la souffrance ni son opposé. Je le répète, la religion ne consiste pas uniquement à se soustraire à la douleur et à la souffrance, mais également à atteindre la Félicité ou Dieu (qui sont en quelque sorte synonymes, comme il sera expliqué plus loin).

En examinant donc la raison d'être de la racine étymologique du mot religion (ce qui relie), nous arrivons à la même définition de la religion que celle que nous avions obtenue en analysant les mobiles des actions humaines.

La religion est une question de principes fondamentaux

La religion est une question de principes fondamentaux. Si notre mobile principal est la quête de la

Félicité ou du bonheur, si nous n'accomplissons aucune action, ne vivons un seul instant sans être en fin de compte motivés par ce but final, ne devrions-nous pas considérer cette poursuite obsédante comme le besoin le plus profondément ancré dans la nature humaine ? Et que serait la religion si elle n'était pas faite du même tissu en quelque sorte que le désir suprême qui est à la racine même de notre nature humaine ? Si la religion doit avoir quelque valeur que ce soit dans nos vies, elle doit s'ancrer dans un instinct vital ou un besoin impérieux. C'est là une hypothèse *a priori* pour la conception de la religion présentée dans ce livre.

Si quelqu'un réplique qu'il existe de nombreux autres instincts humains (instinct social, de conservation et ainsi de suite) en plus du besoin d'être heureux et demande pourquoi nous ne devrions pas interpréter la religion également à la lumière de ces instincts-là, la réponse est la suivante : ils sont soit subordonnés à l'instinct de la recherche du bonheur, soit trop indissociablement liés à ce dernier pour affecter notre interprétation de la religion de manière substantielle.

Revenons une fois encore à l'argument précédent, à savoir que *la religion est ce qui est universel et indispensable à l'homme*. Si ce qui est indispensable et universel n'était pas sa religion, que cela pourrait-il donc être ? Certainement pas ce qui est fortuit et transitoire. Si nous considérons l'argent comme étant la seule et unique chose nécessitant notre attention dans la vie, alors l'argent devient notre religion et « le dollar est notre Dieu ». Notre motivation prédominante dans la vie, quelle qu'elle soit, constitue notre religion.

Laissons maintenant de côté l'interprétation orthodoxe, car ce sont les principes de nos actions – et non pas la profession de foi intellectuelle, les dogmes ou l'observance des cérémonies – qui déterminent sans grande démonstration extérieure quelle est notre religion. Nous n'avons nul besoin d'attendre que les théologiens ou les ministres de cultes mettent un nom à notre place sur la chapelle ou la religion que nous avons embrassée : nos principes et nos actions ont mille et une façons de nous le révéler avec éloquence ainsi qu'aux autres.

L'aspect le plus significatif est que derrière tout ce que nous adorons avec une exclusivité aveugle se cache toujours une seule et même motivation fondamentale. C'est-à-dire que même si gagner de l'argent, faire des affaires, subvenir aux nécessités de la vie ou acquérir des objets de luxe constitue la totalité et la finalité de notre existence, une motivation plus profonde se cache derrière nos actions : nous recherchons ces choses afin d'abolir la souffrance et d'acquérir le bonheur. Ce motif fondamental est la véritable religion de l'humanité ; les autres motifs secondaires forment les pseudo-religions. C'est parce que la religion n'est pas conçue d'une manière universelle qu'elle est reléguée dans les nuages ou considérée par beaucoup comme une manière de passer le temps qui sied aux femmes ou aux personnes faibles et âgées.

La religion universelle est une nécessité pragmatique

Nous voyons donc que la religion universelle (ou la religion conçue de façon universelle) est une nécessité pratique ou *pragmatique*. Son caractère nécessaire n'est ni artificiel ni forcé. Bien que nous percevions cette nécessité dans notre cœur, nous n'en sommes malheureusement pas toujours tout à fait conscients.

Si nous l'étions, la souffrance aurait déjà disparu du monde depuis longtemps. Car, habituellement, l'homme recherche par tous les moyens ce qu'il pense lui être indispensable. S'il pense que gagner de l'argent est vraiment nécessaire pour subvenir aux besoins de sa famille, il ne reculera devant aucun danger pour y parvenir. Hélas, nous ne considérons pas, de manière analogue, la religion comme étant une nécessité. Nous la voyons plutôt comme un ornement, une décoration et non comme une composante indispensable de la vie humaine.

Il est également très regrettable que, bien que le but de chaque homme ici-bas soit nécessairement d'ordre religieux dans la mesure où il s'acharne toujours à supprimer ses besoins et à atteindre le bonheur, il en ait été détourné du fait de certaines graves erreurs et conduit à considérer la véritable religion – dont nous venons juste de donner la définition – comme ayant une importance mineure.

Quelle est la cause de cela ? Pourquoi ne percevons-nous pas la véritable nécessité plutôt que l'insignifiance apparente ? La réponse est la suivante : c'est à cause des habitudes néfastes de la société et de l'importance démesurée que nous accordons à nos sens.

Ce sont nos fréquentations qui déterminent ce que nous tenons pour nécessaire. Considérez l'influence des personnes et des circonstances. Si vous voulez orientaliser un Occidental, placez-le au milieu d'Asiatiques ; de même, si vous voulez occidentaliser un Oriental, faites-le vivre parmi les Européens et observez les résultats : ils sont évidents et inévitables. L'Occidental apprendra à aimer les coutumes, les habitudes, les vêtements, les modes de vie et de pensée ainsi que les façons de voir de l'Orient, tandis que l'Oriental finira par apprécier ceux de l'Occident. Même le critère de vérité leur semblera varier.

Il y a pourtant une chose sur laquelle la plupart des gens s'accorderont, c'est que leur vie sur terre, avec ses soucis et ses plaisirs, ses bonheurs et ses malheurs, vaut la peine d'être vécue. Mais pour ce qui est de la nécessité de la religion universelle, très peu, voire personne ne nous la rappellera. Nous n'en sommes donc que peu conscients.

C'est un lieu commun de dire que l'homme porte rarement son regard au-delà de son environnement familier. Il justifie, suit, imite, égale même tout ce qui tombe dans son champ restreint et croit bien faire en prenant cela comme modèle de pensée et de conduite. Il néglige ou minimise ce qui se trouve au-delà de sa sphère d'intérêt. Un avocat, par exemple, sera plein d'éloges et d'attentions pour tout ce qui concerne le droit alors que d'autres sujets auront généralement moins d'importance à ses yeux.

La nécessité pragmatique ou pratique de la religion universelle est souvent comprise comme une simple nécessité théorique, la religion étant considérée comme un objet d'intérêt intellectuel. Or, si notre connaissance de l'idéal religieux ne passe que par notre intellect, nous pensons avoir atteint cet idéal et, par conséquent, n'avoir pas besoin de le vivre ou de le réaliser.

Nous commettons la grave erreur de confondre la nécessité pragmatique avec la nécessité théorique. Beaucoup admettront peut-être, à la réflexion, que la religion universelle est bien le moyen d'échapper à jamais à la souffrance et de réaliser en toute conscience la Félicité, mais très peu en saisiront toute l'importance et, surtout, la nécessité pratique.

DEUXIÈME PARTIE

La différence entre la souffrance, le plaisir et la Félicité

La cause fondamentale de la douleur et de la souffrance

Il nous faut maintenant examiner la cause fondamentale de la souffrance, mentale et physique, dont l'élimination fait partie intégrante de la religion universelle.

Nous pouvons tout d'abord affirmer d'après notre expérience commune universelle que nous sommes toujours conscients de nous-mêmes en tant que la force dynamique qui pense et qui agit. En effet, nous accomplissons de nombreuses fonctions différentes : nous sentons, nous pensons, nous nous souvenons, nous éprouvons des sentiments, nous agissons et ainsi de suite. Nous percevons cependant qu'un « ego » ou un « soi » sous-jacent gouverne ces fonctions et se perçoit lui-même comme étant substantiellement le même à travers toutes ses existences, passées et présentes.

La Bible dit : « Ne savez-vous pas que vous êtes le temple de Dieu et que l'Esprit de Dieu habite en vous[1] ? » En tant qu'individus, nous sommes tous des Sois spirituels qui reflètent l'Esprit universel bienheureux, c'est-à-dire Dieu. Tout comme de nombreuses

[1] I Corinthiens 3, 16.

images du soleil unique apparaissent lorsque que ce-lui-ci se reflète dans divers récipients d'eau, l'espèce humaine est en apparence divisée en de nombreuses âmes qui occupent ces véhicules corporels et men-taux et paraissent ainsi séparées de l'Esprit universel unique. En réalité, Dieu et l'homme ne font qu'un et leur séparation n'est qu'apparente.

Or, si nous sommes des reflets sacrés et spirituels du Soi, comment se fait-il que nous ayons totalement oublié notre état bienheureux et que nous soyons sujets aux souffrances physiques et mentales ? La réponse est que le Soi spirituel a lui-même amené cet état actuel (quel qu'en fut le processus) en s'identifiant avec un véhicule corporel transitoire et un esprit agité. Le Soi spirituel, s'étant ainsi identifié, éprouve soit du cha-grin pour les états malsains et déplaisants du corps et de l'esprit, soit de la joie pour leurs états sains et plai-sants. À cause de cette identification, le Soi spirituel est continuellement perturbé par les états transitoires du corps et de l'esprit.

Prenons un exemple imaginé d'identification : une mère qui s'identifie profondément à son enfant unique souffrirait intensément rien qu'à l'annonce de sa mort, supposée ou réelle, alors qu'elle ne ressentirait aucune douleur si elle apprenait le décès de l'enfant d'une voi-sine avec lequel elle ne se serait pas identifiée. Nous pouvons maintenant nous faire une idée de la manière dont se comporte la conscience quand l'identification est réelle et non imaginaire. Ainsi, *le fait de nous iden-tifier à notre corps transitoire et à notre esprit instable est la racine ou la cause profonde des souffrances de notre Soi spirituel.*

Après avoir compris que l'identification du Soi spi-rituel avec le corps et l'esprit est la cause première de la souffrance, nous devons passer maintenant à une analyse psychologique des causes immédiates ou directes de la souffrance et examiner la distinction entre souffrance, plaisir et Félicité.

Les causes directes de la souffrance

À cause de cette identification, le Soi spirituel semble avoir certaines tendances, mentales et physiques. Le désir de satisfaire ces tendances crée le besoin qui, à son tour, engendre la souffrance. Ces tendances ou inclinaisons sont soit naturelles, soit créées et produisent respectivement des besoins naturels ou créés.

Un besoin créé se transforme en un besoin naturel avec le temps et l'habitude. Quelle qu'en soit la nature, le besoin engendre la souffrance. Plus nous avons de besoins, plus nous avons de possibilités de souffrir, car plus nous avons de besoins, plus il est difficile de les assouvir; et plus ces besoins demeurent inassouvis, plus grande est notre souffrance. Augmentez les désirs et les besoins et la souffrance augmentera aussi. Donc, si le désir n'a aucune perspective de réalisation immédiate ou s'il rencontre un obstacle à sa réalisation, la souffrance apparaît immédiatement.

Et qu'est-ce que le désir? Ce n'est qu'un nouvel état d'« excitation » que l'esprit s'impose – un caprice de l'esprit créé par la société. Donc, *le désir ou l'augmentation des conditions d'excitation mentale est la source de la souffrance et de l'affliction* ainsi que de l'erreur de vouloir chercher à combler ces désirs, d'abord en les créant et en les développant, puis en tentant de les satisfaire par des objets au lieu de les réduire dès leur apparition.

Il peut sembler que la souffrance apparaisse parfois sans la présence de désirs préalables, par exemple dans le cas d'une douleur due à une blessure. Mais nous observons ici que le désir de rester en bonne santé, – présent de manière consciente ou subconsciente dans notre esprit et cristallisé dans notre organisme physiologique –, est entravé, dans l'exemple mentionné ci-dessus, du fait de la présence d'un état malsain, à savoir la présence d'une blessure. Donc, de même ici, lorsqu'un état d'excitation mentale sous forme d'un désir n'est pas satisfait ou supprimé, il engendre une souffrance.

Le désir conduit à la souffrance tout comme il conduit au plaisir ; la seule différence est que dans le premier cas, le besoin qui est l'objet du désir n'est pas assouvi alors que dans le deuxième, il semble l'être par la présence d'objets extérieurs.

Mais cette expérience, qui procure un plaisir résultant de la satisfaction du besoin grâce à un objet, loin d'être acquise, est fugitive et nous ne retenons que le souvenir de l'objet qui semble avoir supprimé le besoin. Lorsque le désir pour un de ces objets se ravive plus tard dans la mémoire, une sensation de besoin surgit alors, conduisant de nouveau à la souffrance s'il n'est pas assouvi.

Le plaisir est un état de conscience double

Le plaisir est un état de conscience double, formé d'une part par un état d'excitation ou « excitation de conscience » à la perspective de posséder l'objet désiré et, d'autre part, par un état d'apaisement qui s'installe dans la conscience quand la souffrance créée par le manque de l'objet désiré a disparu. Des éléments à la fois émotionnels et mentaux s'y côtoient. C'est dans cette « conscience du contraste », c'est-à-dire cette conscience dans sa totalité (incluant à la fois l'état de souffrance quand le désir est inassouvi et l'état exempt de souffrance après la satisfaction du désir) que réside avant tout le charme du plaisir.

Nous voyons donc que la conscience d'un besoin – et la conscience que ce besoin pourrait être assouvi en fait partie – précède la conscience du plaisir. La conscience du plaisir est centrée à la fois sur le besoin et sur sa satisfaction. C'est l'esprit qui crée le besoin et qui l'assouvit.

C'est une grave erreur de considérer un objet comme pouvant procurer du plaisir en soi et de se mettre cette idée dans la tête dans l'espoir de satisfaire un besoin dans le futur grâce à la présence effective de cet objet. Si les objets procuraient du plaisir par eux-mêmes, alors le même vêtement ou le même aliment plairait invariablement à tous, ce qui n'est pas le cas.

Ce qu'on appelle *plaisir* est une création de l'esprit: *c'est un état d'excitation de conscience illusoire qui dépend de la satisfaction d'un état de désir préalable et de la conscience d'un contraste dans le présent.* Plus une chose est considérée comme susceptible d'exciter la conscience du plaisir et plus le désir de l'obtenir est entretenu par l'esprit, plus l'envie de posséder cette chose en soi grandit, chose dont la présence est considérée comme procurant du plaisir et l'absence comme provoquant un manque. Ces deux états de conscience conduisent finalement à la souffrance.

Donc, si nous voulons vraiment diminuer la souffrance, nous devons autant que possible libérer progressivement l'esprit de tout désir et de tout sentiment de besoin. Si le désir pour une chose particulière – censée supprimer son besoin – est banni, l'état d'excitation de conscience illusoire du plaisir n'apparaît pas, même si cette chose est, d'une manière ou d'une autre, à notre disposition.

Mais au lieu d'affaiblir ou de diminuer la sensation de manque, la plupart du temps nous l'augmentons et créons des besoins nouveaux et variés en voulant en assouvir un seul, avec pour résultat le désir de les assouvir tous. Par exemple, pour prévenir le besoin d'argent, nous créons une entreprise. Afin de pouvoir la gérer, nous devons nous occuper des mille besoins et obligations que comporte la gestion d'une affaire. Chaque besoin et chaque exigence en comprennent à leur tour d'autres, requérant davantage d'attention et ainsi de suite.

Nous voyons donc que la souffrance originelle inhérente au besoin d'argent est multipliée à l'infini par la création d'autres besoins et d'autres intérêts. Bien évidemment, cela ne signifie pas que mener une affaire ou gagner de l'argent soit mauvais ou inutile en soi. On retiendra surtout que c'est le désir de créer des besoins toujours plus importants qui est mauvais.

Confondre la fin avec les moyens

Si, en entreprenant de gagner de l'argent à quelque fin, nous faisons de l'argent notre but final, c'est le début de la folie, car les moyens deviennent la fin et l'objectif initial est perdu de vue. Et de nouveau, nos souffrances reprennent. Chacun a des tâches à accomplir dans ce monde. Revenons, par commodité, sur l'exemple précédent.

Un père de famille doit gagner de l'argent pour subvenir aux besoins des siens. Il monte une entreprise et commence à s'occuper dans le détail de ce qui la rendra prospère. Et que se passe-t-il souvent au bout d'un certain temps ? L'affaire continue à prospérer et l'argent s'accumule, peut-être jusqu'à ce que les bénéfices soient bien supérieurs à ses besoins et à ceux de sa famille.

Or, de deux choses l'une : soit le fait de gagner de l'argent devient une fin en soi et il conçoit un plaisir singulier en l'accumulant, soit il se peut que le plaisir de gérer son entreprise pour elle-même persiste, voire ne cesse d'augmenter. Nous voyons que dans les deux cas, les moyens de combler les besoins initiaux – ce qui était le but – sont devenus une fin en soi : l'argent ou l'affaire sont devenus le but.

Il peut aussi arriver que l'on se crée de nouveaux besoins inutiles que l'on s'efforce d'assouvir avec des choses matérielles. Dans tous les cas, notre attention n'est plus sans partage, mais s'éloigne de la Félicité (que nous confondons par nature avec le plaisir, ce dernier devenant notre but). Alors, l'objectif pour lequel nous avions apparemment créé une entreprise devient secondaire au profit de l'amélioration des conditions ou de l'augmentation des moyens. Et à la base de l'amélioration des conditions ou de l'augmentation des moyens se situe le désir de les obtenir, lequel est fait à la fois d'une excitation ou d'un sentiment correspondant et d'une image mentale du passé, lorsque ces conditions donnèrent naissance au plaisir.

Le désir cherche naturellement à être assouvi par la présence de ces conditions : s'il est comblé, le plaisir survient ; s'il ne l'est pas, la souffrance se fait sentir. Et puisque le plaisir, comme nous l'avons vu précédemment, naît du désir tout en étant lié à des choses transitoires, il donne lieu à une excitation, puis, quand ces choses disparaissent, à une frustration. Et ainsi commencent nos souffrances.

En résumé : à partir du projet initial de la création d'une entreprise qui visait à couvrir nos besoins matériels, nous dévions vers les moyens, – soit vers l'affaire elle-même, soit vers l'accumulation des richesses qui en découlent – ou quelquefois vers la création de nouveaux besoins ; et parce que nous trouvons du plaisir en ces derniers, nous sommes entraînés vers la souffrance qui, comme nous l'avons vu, est toujours le résultat indirect du plaisir.

Ce qui est vrai de l'argent l'est également de toutes les différentes actions que nous accomplissons sur terre. Chaque fois que nous oublions notre véritable but – la réalisation de la Félicité ou l'état, la condition ou le mode de vie qui y conduit en dernier ressort – et que nous dirigeons notre attention toute entière vers des objets, lesquels sont pris à tort comme étant les moyens ou les conditions de la Félicité, pour en faire nos buts ultimes, alors nos besoins, nos désirs et nos excitations augmentent et nous nous retrouvons sur la route qui conduit à la souffrance et à la douleur.

Nous ne devrions jamais oublier notre but. Nous devrions entourer nos besoins d'un garde-fou et non pas continuer à les accroître sans fin, car ils ne nous apporteront finalement que de la souffrance. Cependant, je ne veux pas dire que nous ne devrions pas assouvir les besoins nécessaires qui se présentent à nous dans le contexte de notre relation avec le monde, ni que nous devions devenir des rêveurs ou des idéalistes oisifs, en ignorant notre rôle essentiel dans la promotion du progrès de l'humanité.

En bref : la souffrance est le résultat du désir et indirectement aussi du plaisir déguisé en feu follet pour attirer les gens dans le piège des besoins et les rendre toujours plus malheureux.

Nous voyons donc que le désir est la cause de toute souffrance, naissant du sentiment d'identification du Soi avec l'esprit et le corps. Par conséquent, nous devrions *détruire cet attachement en éradiquant le sentiment d'identification*. Nous aurions uniquement à briser les chaînes que sont l'attachement et l'identification. Nous devrions interpréter notre rôle sur la scène du monde tel que le Grand Metteur en scène nous l'a attribué, de tout notre esprit, de toute notre intelligence et de tout notre corps, en restant cependant, au fond de nous-mêmes, aussi détachés et imperturbables à l'égard de la conscience alternée du plaisir et de la souffrance que les acteurs d'une banale pièce de théâtre.

La conscience de la Félicité s'éveille lorsqu'on se coupe de l'identification avec le corps

La conscience de la Félicité s'éveille en nous lorsque l'absence de passion s'installe et que l'on se coupe de l'identification. Tant que vous êtes un être humain, vous ne pouvez éviter d'avoir des désirs. Mais comme vous êtes un être humain, comment prétendre alors réaliser votre divinité ? Tout d'abord, ayez des désirs rationnels ; puis, faites en sorte d'avoir des désirs toujours plus nobles, tout en essayant d'atteindre la conscience de la Félicité. Vous ferez l'expérience que les liens de votre attachement individuel à toutes sortes de désirs seront automatiquement tranchés.

C'est-à-dire que, tout en restant centré dans le calme de la Félicité, vous apprendrez finalement à vous *désapproprier* de vos propres désirs futiles pour ne plus ressentir que ceux que semble susciter irrésitiblement en vous une loi suprême. C'est ainsi que Jésus-Christ a dit : « Que ta volonté soit faite et non la mienne [1]. »

Quand je dis qu'atteindre la Félicité est le but universel de la religion, je n'entends pas par là ce que nous nommons généralement le plaisir, ni cette satisfaction intellectuelle mêlée d'excitation qui naît de l'assouvissement des désirs et des besoins, comme lorsque nous disons être dans une excitation joyeuse. Il n'y a aucune excitation dans la Félicité, pas plus qu'il n'y a de cet état de conscience généré par contraste : « Ma souffrance ou mes besoins ont été supprimés grâce à la présence de tel ou tel objet ». La Félicité est la conscience d'une parfaite quiétude, la conscience de notre nature sereine, non souillée par l'irruption d'une prise de conscience venant nous signaler qu'une douleur a disparu.

Un exemple illustrera clairement ce concept : je suis blessé et je souffre ; une fois guéri, je ressens du plaisir. Cet état de conscience agréable consiste en un sentiment d'excitation allant de pair avec la conscience, sous forme de pensée soutenue, que la douleur due à ma blessure a disparu.

Or, celui qui a atteint la Félicité, bien qu'il puisse être physiquement blessé, ressentira, une fois guéri, que son état de tranquillité ne fut ni perturbé par la survenue d'une blessure, ni recouvré une fois guéri. Il s'apercevra qu'il passe à travers un univers de douleur et de plaisir avec lequel il n'a réellement aucun lien et qui ne peut ni déranger, ni amplifier l'état de tranquillité ou de bonheur qui l'emplit continuellement. Cet état de Félicité est dépourvu des penchants et de

---

[1] Luc 22, 42.

l'excitation qu'impliquent le plaisir et la souffrance.

La conscience de la Félicité comporte deux aspects, l'un négatif et l'autre positif. L'aspect négatif est l'absence de cette conscience où le plaisir et la souffrance alternent ; l'aspect positif est un état transcendantal de calme supérieur qui inclut la conscience d'une grande expansion et du fait que « tout est en Un et Un en tout ». Cet état comporte différents degrés : le fervent chercheur de vérité n'en obtient qu'un avant-goût, le sage ou le prophète en sont complètement imprégnés.

Le plaisir et la souffrance trouvant leur origine dans le désir et le besoin, notre tâche devrait consister – si nous souhaitons atteindre la Félicité – à bannir tout désir sauf celui de la Félicité, laquelle est notre véritable nature. Si tous nos progrès scientifiques, sociaux et politiques ont en commun de poursuivre ce but universel unique (la suppression de la souffrance), pourquoi devrions-nous y introduire un élément étranger (le plaisir) et oublier de nous ancrer durablement dans ce qui est la paix ou la Félicité ?

Celui qui jouit du plaisir d'avoir une bonne santé ressentira inévitablement, de temps en temps, la douleur de la maladie, car le plaisir dépend d'un état d'esprit, à savoir l'idée de santé. Être en bonne santé n'est pas mauvais, pas plus qu'il n'est mal de vouloir l'être, mais y être attaché, en être intérieurement affecté, est ce qui est à déplorer, car cela signifie entretenir un désir, lequel conduira à une souffrance.

Nous devons rechercher la santé non pas pour le plaisir qui en découle, mais parce qu'elle nous permet d'accomplir nos tâches et d'atteindre notre but. L'état de santé sera parfois mis au défi par son opposé, l'état de maladie, mais la Félicité ne dépend pas d'un état particulier, extérieur ou intérieur. *La Félicité est l'état naturel de l'Esprit.* C'est pourquoi la Félicité ne craint pas d'être mise en échec par un autre état. Elle continuera à régner éternellement, dans le succès comme dans l'échec, dans la santé comme dans la maladie, dans l'opulence comme dans la pauvreté.

TROISIÈME PARTIE

Dieu en tant que Félicité

Le motif commun à toutes les actions

Grâce aux deux exemples suivants, l'étude psychologique précédente sur la souffrance, le plaisir et la Félicité, pemettra de bien comprendre ma conception de la nécessité commune la plus élevée et de la Divinité, à laquelle j'avais fait allusion au début.

J'avais fait remarquer au départ que si nous observions attentivement les actions des hommes, nous verrions que le motif unique, fondamental et universel en vertu duquel l'être humain agit est d'éviter la souffrance et, en conséquence, d'atteindre la Félicité, c'est-à-dire Dieu. Nous constatons que le premier élément de ce motif, la suppression de la souffrance, est indéniable si l'on observe les motifs sous-jacents de toutes les actions accomplies dans le monde, bonnes ou mauvaises.

Prenons le cas d'un homme qui veut se suicider et celui de quelqu'un de véritablement religieux qui serait détaché des choses de ce monde. Il ne fait aucun doute que tous deux essaient de se débarrasser de la souffrance qui les dérange ; tous deux essaient de mettre un terme définitif à leur souffrance. Qu'ils y réussissent ou pas est une autre question. Cependant, en ce qui concerne leur motif, c'est le même.

Mais toutes les actions en ce monde sont-elles *directement* mues par le désir d'atteindre la Félicité permanente ou Dieu, ce qui constitue le second élément du motif commun à toutes les actions? Le malfaiteur a-t-il pour motif immédiat d'atteindre la Félicité? On ne saurait guère prétendre cela. Nous en avions donné l'explication au cours de notre exposé sur le plaisir et la Félicité. Nous avons vu qu'à cause de son identification avec le corps, le Soi spirituel avait succombé à l'habitude de se complaire dans des désirs et dans la création de besoins qui en découlent. Lorsque ces désirs sont assouvis par des objets, ils conduisent au plaisir et s'ils ne le sont pas, à la souffrance.

Mais c'est là que l'homme commet une erreur fatale. Lorsqu'il satisfait un de ces besoins, l'être humain ressent une excitation agréable et, par une triste méprise, son regard s'attache uniquement aux objets qui ont produit cet effet, car il suppose qu'ils sont la cause principale de son plaisir. Il oublie complètement qu'il avait ressenti au préalable une certaine excitation mentale sous forme de désir ou de besoin et que, plus tard, il a ressenti une autre excitation mentale, supplantant la première, sous forme de plaisir et que l'apparition d'objets semble produire. Donc, en fait, une excitation est apparue dans le mental et y a ensuite été remplacée par une autre, toujours dans le même mental.

Les objets extérieurs ne sont que les occasions, mais non les causes. Le désir de friandises chez une personne nécessiteuse pourra être satisfait avec une confiserie ordinaire et son assouvissement procurera du plaisir, alors que ce même désir chez une personne riche ne sera peut-être comblé que par les pâtisseries les plus fines; pourtant, la satisfaction donnera lieu à un plaisir identique. Alors, le plaisir dépend-il d'objets extérieurs ou d'un état d'esprit? Certainement d'un état d'esprit!

Mais le plaisir, comme nous l'avons dit, est une excitation. On ne saurait donc approuver le fait de chasser une excitation venant du désir par une autre provenant du plaisir. Mais parce que nous le faisons quand même, l'effet d'excitation est un effet sans fin et donc, nos tourments et nos souffrances ne cessent jamais.

Seule la conscience de la Félicité peut calmer toute excitation de façon efficace

La chose à faire serait de *mettre au repos* l'excitation contenue dans le désir au lieu de l'attiser ou de la perpétuer par l'excitation du plaisir. Cette mise au repos n'est possible de façon efficace que grâce à la conscience de la Félicité, laquelle n'est pas une insensibilité, mais un état supérieur d'indifférence tant à la souffrance qu'au plaisir. Tout être humain cherche à atteindre cette Félicité en assouvissant ses désirs, mais il fait l'erreur de s'arrêter au plaisir; de ce fait, ses désirs ne cessent jamais et il est emporté dans le tourbillon de la souffrance.

Le plaisir est un feu follet des plus dangereux; c'est pourtant cette association mentale avec le plaisir qui est devenue le motif de nos actions à venir. Cela s'est avéré aussi trompeur qu'un mirage dans le désert. Étant donné que le plaisir, comme nous l'avons déjà dit, comprend à la fois la conscience d'une excitation et la conscience d'un contraste, à savoir celui de la disparition de la souffrance, si nous visons le plaisir au lieu de la Félicité, nous sommes en voie de nous précipiter la tête la première dans ce cycle fait de hauts et de bas où plaisir et souffrance alternent sans fin pour notre plus belle ignorance. Nous tombons dans de terribles tourments parce que notre point de vue a changé, passant de la Félicité au plaisir.

Nous pouvons voir par là que, bien que le véritable but de l'humanité soit d'éviter la douleur et d'atteindre la Félicité, à cause d'une erreur fatale et sous prétexte d'éviter de souffrir, l'homme poursuit quelque chose d'illusoire, appelé plaisir, qu'il confond avec la Félicité.

Le fait que l'homme ne se satisfasse jamais d'un seul objet de plaisir prouve indirectement que c'est la réalisation de la Félicité et non pas du plaisir qui est la nécessité universelle la plus élevée. L'être humain papillonne sans cesse d'un objet à l'autre : de l'argent à l'habillement, de l'habillement aux biens immobiliers, de ceux-ci au plaisir conjugal, le tout dans un enchaînement effréné. Et c'est ainsi qu'il retombe constamment dans la souffrance malgré toute la volonté qu'il a de l'éviter en adoptant les moyens qui lui semblent appropriés. Pourtant, un désir inconnu et insatisfait semble demeurer en son cœur à jamais.

Mais l'homme religieux (notre second exemple à examiner) souhaitera toujours adopter des moyens religieux adéquats pour pouvoir entrer en contact avec la Félicité ou Dieu.

Bien sûr, lorsque je dis que Dieu est Félicité, j'entends aussi qu'Il existe éternellement tout en étant également *conscient* de Sa propre existence en toute Félicité. Et quand nous souhaitons la Félicité éternelle ou Dieu, cela sous-entend qu'avec la Félicité nous désirons également la vie éternelle, immortelle, immuable et à jamais consciente. Il a été prouvé *a priori* et en examinant les motifs présidant aux actions des hommes que tous, du plus élevé au plus humble, nous sommes tous animés de ce désir d'être dans la Félicité.

Reprenons le raisonnement un peu autrement : supposons qu'un être supérieur vienne à nous et dise à tous les peuples de la terre : « Créatures de ce monde, je vais vous donner d'éternels chagrins et souffrances ainsi qu'une existence éternelle ! Êtes-vous d'accord ? » Y aurait-il une seule personne pour se laisser séduire par une telle proposition ? Pas une seule. Tout le monde veut la Félicité éternelle (*Ananda*) ainsi que la vie éternelle (*Sat*). À l'examen des motifs qui animent l'humanité, on peut voir qu'au fond personne ne veut autre chose que la Félicité.

De manière analogue, personne n'aime la perspective d'un anéantissement ; la seule idée suffit à nous donner froid dans le dos. Tout le monde voudrait vivre en permanence (*Sat*). Mais si on nous donnait la vie éternelle sans la *conscience* de cette existence, nous rejetterions cette offre. Car qui voudrait passer son existence dans un sommeil éternel ? Personne. Nous voulons tous exister consciemment.

En résumé, nous voulons une existence éternelle, bienheureuse et consciente : *Sat-Chit-Ananda* (Existence-Conscience-Félicité). Tel est le nom hindou de Dieu. Toutefois, pour une simple raison d'ordre pratique, nous ne mettrons ici l'accent que sur l'aspect bienheureux de Dieu et sur nos motifs pour rechercher la Félicité, en laissant de côté les aspects de *Sat* et de *Chit*, c'est-à-dire de l'*existence consciente* (ainsi que d'autres aspects de Dieu qui ne seront pas non plus développés ici).

Qu'est-ce que Dieu ?

Mais alors, qu'est-ce que Dieu ? S'Il était différent de la Félicité, si Son contact ne produisait aucune Félicité en nous, ne nous apportait que souffrance ou si Son contact ne chassait pas notre douleur, aurions-nous envie de Dieu? Non. Si Dieu nous était inutile, nous ne voudrions pas de Lui. À quoi sert un Dieu qui reste toujours inconnu et dont la présence ne se manifeste pas *intérieurement* en nous, au moins de temps à autre dans nos vies?

Quel que soit le concept que nous ayons de Dieu par l'exercice de notre raison (comme : « Dieu est transcendant » ou « Dieu est immanent »), ce concept restera toujours vague et confus tant que nous ne le vivrons pas réellement. En fait, nous maintenons Dieu à une distance respectable, Le concevant parfois très simplement comme un être personnel et parfois de nouveau comme étant *théoriquement* en nous.

C'est à cause de cette imprécision dans notre idée et dans notre expérience de Dieu que nous n'arrivons pas à comprendre qu'Il nous est réellement nécessaire, pas plus que nous ne saisissons la valeur pragmatique de la religion. La fadeur d'une théorie ou d'une idée très vague ne parvient pas à nous convaincre. Elle ne change pas notre vie, n'influence pas clairement notre conduite et ne nous incite pas à essayer de trouver Dieu.

La preuve de l'existence de Dieu se trouve en nous

Que dit la religion universelle à propos de Dieu? Que la preuve de l'existence de Dieu réside en nous. Que c'est une expérience intérieure. Vous avez certainement la mémoire d'un instant au moins de votre vie où, en prière ou en adoration, vous avez senti que les entraves de votre corps avaient presque disparu et que la dualité des expériences – plaisir et douleur, amour terrestre et haine, etc. – s'était estompée dans votre conscience. Un bonheur tranquille et pur était monté dans votre cœur, vous enveloppant dans une sérénité imperturbable tandis que tout n'était que Félicité et contentement.

Bien que ce genre d'expérience supérieure soit rare, il ne fait pourtant aucun doute que chaque être humain, à un moment ou un autre de sa vie, que ce soit en prière ou bien dans un moment d'adoration ou de méditation, a déjà goûté durant quelques instants une paix sans mélange.

N'est-ce pas là la preuve de l'existence de Dieu ? Quelle autre preuve directe pourrions-nous apporter de l'existence et de la nature de Dieu, si ce n'est celle de cette Félicité que l'on ressent dans la sincérité totale d'un moment de prière ou d'adoration ? La preuve cosmologique de l'existence de Dieu existe cependant aussi : de l'effet nous remontons à la cause et du monde au Créateur du monde. De même, la preuve téléologique peut être apportée : partant de l'étude de la finalité de ce monde (du grec *telos* : fin, accomplissement), nous en déduisons une Intelligence suprême qui a créé un dessein et qui l'applique. Puis, il y a également la preuve morale : la voix de notre conscience et notre sens inné de la perfection nous poussent à déduire l'existence d'un Être parfait devant lequel nous nous sentons responsables.

Nous devons certes admettre que ces preuves sont plus ou moins le résultat de nos déductions. Nous ne pouvons pas avoir une connaissance complète ou directe de Dieu à travers les facultés limitées de notre intellect qui ne nous donne qu'une vue partielle et indirecte des choses. Considérer une chose intellectuellement ce n'est pas la voir en étant un avec elle ; c'est la voir en étant séparé d'elle. Mais l'intuition quant à elle, que nous expliquerons plus tard, est l'appréhension directe de la vérité. C'est par l'intuition que la conscience de la Félicité ou la conscience de Dieu se révèle.

L'identité absolue de la conscience de la Félicité et de la conscience de Dieu ne fait pas l'ombre d'un doute, car lorsque nous avons cette conscience de la Félicité, nous sentons que notre individualité restreinte a été transformée, que nous nous sommes élevés au-dessus des dualités, celles de l'amour terrestre et de la haine, du plaisir et de la souffrance, et que nous avons atteint un niveau où la douleur et la vanité de la conscience ordinaire nous sautent aux yeux.

Nous ressentons également une expansion intérieure ainsi qu'une compassion qui embrasse toutes choses. Le tumulte du monde s'apaise, les vagues de l'excitation se calment et la conscience que « tout est en Un et Un en tout » semble naître en nous. Une vision de lumière glorieuse nous apparaît. Toutes les imperfections, toutes les aspérités sombrent dans le néant. Nous avons le sentiment d'être transportés dans une autre sphère, source de Félicité perpétuelle, point de départ d'une continuité sans fin. Cette conscience de la Félicité n'est-elle donc pas identique à celle de Dieu dans laquelle apparaissent les états de réalisation décrits ci-dessus ?

Par conséquent, si nous essayons d'amener Dieu au niveau de l'expérience de sérénité de chacun, il devient évident qu'il n'existe pas de meilleure conception de Dieu que celle de la Félicité. Dieu ne sera plus alors une supposition sur laquelle théoriser. N'est-ce pas là une conception plus noble de Dieu ? Nous pouvons alors Le percevoir tandis qu'Il Se manifeste en nos cœurs, dans la Félicité que nous ressentons en méditation ou dans un moment de prière et d'adoration.

La religion ne devient une nécessité universelle que si Dieu est conçu comme Félicité

À condition de concevoir Dieu de cette manière, en tant que Félicité, nous pourrons faire l'expérience de ce que la religion est une nécessité universelle, mais à cette seule et unique condition. Car nul ne peut nier vouloir atteindre la Félicité. Or, si l'on veut y arriver correctement, il faut être religieux dans son approche afin de ressentir Dieu, que l'on décrit comme très proche du cœur de l'homme, en tant que Félicité.

La conscience de la Félicité ou conscience de Dieu peut, si nous le permettons, imprégner toutes nos actions et tous nos états d'âme. Si nous parvenons à l'ancrer en nous, nous serons en mesure de mieux juger dans quelle mesure les motifs et les actions des hommes sur cette terre s'inspirent de religion authentique.

Une fois que nous serons convaincus que l'acquisition de cette conscience de la Félicité est notre religion, notre but et notre fin ultime, tous nos doutes sur la signification des multiples enseignements, des prescriptions et des interdictions des différentes croyances de ce monde disparaîtront. Toute chose pourra être interprétée en fonction du niveau d'évolution qui lui correspond et tout s'éclairera.

La vérité jaillira dans toute sa clarté, le mystère de l'existence sera résolu et les moindres circonstances de nos vies pétries de tant d'actions aux motifs les plus variés, seront mises en lumière. Nous serons à même de séparer la vérité sans fard des atours extérieurs qui la parent dans les doctrines religieuses et de voir l'inutilité des conventions, lesquelles trompent si souvent les gens en créant de factices différences entre eux.

Par ailleurs, si la religion est comprise de cette façon, il n'existe aucune personne au monde, quel que
soit son âge, son sexe ou son statut social – étudiant,
ouvrier, avocat, médecin, charpentier, érudit ou phi-
lanthrope – qui ne puisse la pratiquer. Si la religion
consiste à abolir le sens du manque et à atteindre la
Félicité, qui ne tenterait pas de devenir toujours plus
religieux, à condition que les méthodes adéquates pour
y parvenir lui soient indiquées ?

Ici, la question des différentes religions, celle du
Christ, de Mahomet ou de Sri Krishna, ne se pose pas.
Chacun en ce monde tente inévitablement d'être religieux et peut le devenir encore davantage en adoptant
les moyens appropriés. Aucune distinction de caste ou
de croyance, de secte ou de foi, d'habit ou de contrée,
d'âge ou de sexe, de profession ou de position sociale
n'existe ici. Car cette religion est universelle.

Si vous proposiez à tous les peuples de la terre de
reconnaître Sri Krishna comme leur Sauveur, pensez-
vous que tous les chrétiens et musulmans l'accepte-
raient ? Si vous demandiez à tous de voir en Jésus leur
Seigneur, tous les hindous et tous les musulmans y
consentiraient-ils ? Et si vous demandiez à tous d'ac-
cepter Mahomet comme leur Prophète, les chrétiens
et les hindous seraient-ils d'accord ?

Mais si vous leur disiez : « Ô mes frères chrétiens, musulmans et hindous, votre Seigneur Dieu
est la Conscience-Existence (l'Être) de Béatitude éternelle », ne l'accepteraient-ils pas ? Pourraient-ils seulement le refuser ? Ne Le réclameraient-ils pas, Lui,
l'Unique, comme pouvant seul mettre fin à toutes
leurs souffrances ?

Même en disant que les chrétiens, les hindous et
les musulmans ne conçoivent pas Jésus, Krishna et

Mahomet comme leur Seigneur Dieu respectif, mais uniquement comme le représentant de Dieu, donc comme des incarnations humaines de la Divinité, il n'est pas possible d'échapper à cette conclusion. D'ailleurs, à quoi cela nous avancerait-il de penser ainsi? Nous ne sommes pas intéressés au premier chef par l'apparence physique de Jésus, de Krishna et de Mahomet ou par le rôle qu'ils ont joué dans l'histoire.

Nous n'avons pas seulement préservé leur souvenir parce qu'ils ont chacun prêché la vérité d'une façon originale et intéressante. *Nous les révérons parce qu'ils connaissaient Dieu de tout leur être.* C'est pour cela que nous nous intéressons à leur existence historique et à leurs multiples façons d'exprimer la vérité.

N'ont-ils pas tous réalisé Dieu en tant que Félicité et révélé que la bénédiction suprême et véritable consiste à être vraiment et entièrement en Dieu? Ce lien qui les unit n'est-il pas suffisant, – mis à part les autres aspects de la Divinité et de la vérité qu'ils ont pu réaliser et exprimer? Un chrétien, un hindou et un musulman ne devraient-ils pas s'intéresser également aux autres prophètes, étant donné qu'ils ont tous atteint la conscience divine? De même que Dieu unit toutes les religions, c'est le fait de réaliser Dieu dans la Félicité qui constitue l'unité de conscience des prophètes de toutes les religions[1].

---

[1] La conscience de la Félicité est également importante dans les religions dites athées telles que le bouddhisme. Le *Nirvana* bouddhique n'est pas, comme le supposent à tort de nombreux écrivains occidentaux, une «extinction de la lumière» et une annihilation de l'existence. Bien au contraire, il s'agit d'un état où l'individualité restreinte est abolie au profit d'une sérénité transcendantale dans l'universalité. C'est exactement ce qui se produit dans la conscience supérieure de Félicité, même si les bouddhistes ne lui associent pas le nom de Dieu.

En Dieu, conscience de la Félicité, nos aspirations spirituelles sont comblées

Il ne faudrait pas penser que cette conception de Dieu soit trop abstraite, qu'elle n'ait rien à voir avec nos espoirs et nos aspirations d'ordre spirituel qui exigent que nous concevions Dieu comme un être personnel. Il ne s'agit pas de la conception d'un être impersonnel comme on le pense généralement, ni de celle, par trop étroite, d'un être personnel.

Dieu n'est pas une personne avec des limitations comme nous en avons. Notre être, notre conscience, nos sentiments et notre volition ne sont qu'un pâle reflet de Son Être (Existence), de Sa Conscience et de Sa Félicité. Dieu est une personne au sens transcendantal. Notre être, notre conscience et nos sentiments sont limités et empiriques; les Siens sont illimités et transcendantaux. Bien qu'Il ait un aspect impersonnel et absolu, nous ne devrions pas penser qu'Il se situe au-delà de la portée de toute expérience, voire de notre expérience intérieure.

Nous pouvons tous Le percevoir dans le silence intérieur. Nous Le réalisons dans la conscience de la Félicité. Il ne peut exister aucune autre preuve directe de Son existence. C'est en Lui, en tant que Félicité, que nos espoirs et nos aspirations d'ordre spirituel trouvent leur accomplissement, que notre dévotion et notre amour trouvent leur objet.

Le concept d'un être personnel qui ne serait que notre moi magnifié ne s'avère pas nécessaire. Dieu peut tout être ou tout devenir: personnel, impersonnel, infiniment miséricordieux, omnipotent et ainsi de suite. Mais nous n'avons pas besoin de nous représenter l'ensemble de Ses qualités. La conception qui est la nôtre, quelle qu'elle soit, est celle qui convient à nos objectifs, à nos espoirs, à nos aspirations et à notre perfectionnement.

Nous ne devrions pas non plus penser que cette conception de Dieu ferait de nous des idéalistes rêveurs ou nous couperait du monde pratique avec ses devoirs, ses responsabilités, ses joies et ses peines. Si Dieu est Félicité et si nous recherchons celle-ci pour Le connaître, nous ne devons pas pour autant négliger nos devoirs et nos responsabilités ici-bas. Tout en les accomplissant, nous pouvons rester dans la Félicité, car celle-ci se situe au-delà de nos préoccupations quotidiennes et ne saurait donc en être affectée. Dans la Félicité, nous transcendons les joies et les peines de ce monde, mais non la nécessité d'accomplir nos devoirs légitimes ici-bas.

L'homme qui a réalisé le Soi sait que Dieu est l'Auteur de toute chose, que tout pouvoir d'agir qui coule en nous émane de Dieu. Celui qui est centré sur son Soi spirituel perçoit qu'il est le témoin détaché de toutes les actions, quoi qu'il fasse et bien qu'il voie, entende, perçoive, sente, goûte ou vive différentes expériences terrestres. Immergés dans la Félicité, de tels hommes vivent leurs vies conformément à la volonté divine.

Lorsque le détachement est cultivé, l'égoïsme forcené disparaît. Nous comprenons que nous jouons le rôle qui nous a été attribué sur la scène du monde sans être intérieurement affectés par le bonheur ou l'infortune, l'amour ou la haine que comporte ce rôle.

Le grand spectacle de la vie

En vérité, ce monde peut être comparé à tous égards à une scène de théâtre. Le metteur en scène choisit des acteurs pour l'aider à représenter une pièce. Il attribue un rôle spécifique à chacun et tout le monde travaille sous sa direction. Il fait de l'un un roi, de l'autre un ministre, un serviteur, un héros et ainsi de suite. Quelqu'un devra jouer un rôle tragique, quelqu'un d'autre un rôle comique.

Si chacun joue son rôle selon les directives du metteur en scène, la pièce sera alors une réussite avec toutes ses scènes comiques, sérieuses et tristes. Même les rôles apparemment insignifiants ont une place indispensable dans une pièce.

Le succès de la pièce dépend du jeu parfait de chaque acteur dans le rôle qui lui a été attribué. Chaque acteur interprète son rôle, triste ou joyeux, avec un tel réalisme qu'il semble en être affecté ; mais en son for intérieur, il reste indifférent à son rôle et au jeu des passions de l'amour, de la haine, du désir, de la méchanceté, de la fierté ou de l'humilité qu'il interprète.

Mais si, en jouant, un acteur s'identifiait à une situation ou à un sentiment exprimé dans la pièce jusqu'à en perdre sa propre identité, il apparaîtrait pour le moins ridicule. L'histoire suivante illustrera clairement ce point.

L'épopée du *Ramayana*[1] fut donnée un jour en représentation au domicile d'un homme influent. Alors que la représentation était déjà commencée, il se trouva que le comédien qui devait interpréter le rôle d'Hanuman (un singe), l'ami et assistant de Rama[2], était absent. Dans son désarroi, le metteur en scène désigna au pied-levé un homme disgracieux et simple d'esprit répondant au nom de Nilkamal pour lui faire jouer le rôle.

Tout d'abord, Nilkamal refusa, mais il fut bientôt

---

[1] Un drame basé sur l'ancienne épopée sanskrite du même nom.

[2] Le personnage central sacré du *Ramayana*. *(Note de l'éditeur)*

contraint de paraître sur scène. Son apparence dis-gracieuse suscita les éclats de rire du public et les spectateurs se mirent à scander son nom dans leur exubérance : « Hanuman, Hanuman ! »

Ce fut plus que Nilkamal ne put supporter. Oubliant qu'il ne s'agissait que d'une pièce de théâtre, il rugit, exaspéré : « Pourquoi m'appelez-vous Hanuman ? Pourquoi riez-vous ? Je ne suis pas un Hanuman. C'est le metteur en scène qui m'a fait venir ici ! »

Dans ce monde complexe, nos vies ne sont que des pièces de théâtre. Mais, hélas, nous nous identifions à la pièce et ressentons par conséquent dégoût, peine et plaisir. Nous oublions les directives et les exhorta-tions du Grand Metteur en scène. En vivant notre vie, en jouant nos différents rôles, nous avons l'impression que nos peines, nos plaisirs, nos amours et nos haines, sont tous réels ; en un mot, nous nous attachons à nos rôles et nous en sommes affectés.

Ce théâtre du monde n'a ni commencement ni fin. Chacun devrait jouer de tout son cœur le rôle qui lui a été assigné par le Grand Metteur en scène. Chacun devrait jouer dans le seul intérêt de la pièce et interpré-ter le chagrin dans les rôles tristes ou la gaîté dans les rôles amusants sans pour autant s'identifier intérieu-rement à ce qui n'est qu'un jeu.

Il ne faudrait pas non plus souhaiter interpréter le rôle de quelqu'un d'autre. Une pièce dans laquelle tout le monde jouerait le rôle du roi perdrait tout son sens et serait sans intérêt.

Celui qui sera parvenu à la conscience de la Félicité *ressentira* le monde comme une scène de théâtre et interprétera au mieux son rôle, sans jamais perdre de vue que Dieu est le Grand Metteur en scène et en Le reconnaissant dans Son dessein et dans Ses directives.

Quatre méthodes religieuses fondamentales

La nécessité de méthodes religieuses

Nous avons vu dans les trois premières parties que la cause fondamentale de nos douleurs, souffrances et limitations est l'identification du Soi spirituel avec le corps et l'esprit; qu'à cause de cette identification, nous ressentons des états d'excitation comme la souffrance et le plaisir et sommes pratiquement aveugles à l'état de Félicité ou de conscience de Dieu. Nous avons également vu que la religion consistait essentiellement à éviter de façon permanente de telles souffrances et à atteindre la Félicité pure ou Dieu.

Tout comme l'image réelle du soleil ne peut être distinguée avec netteté à la surface d'eaux agitées, la véritable nature béatifique du Soi spirituel – le reflet de l'Esprit universel – ne peut être comprise à cause des vagues d'inquiétude émergeant de son identification avec les états changeants du corps et de l'esprit. De même que le mouvement de l'eau déforme la véritable image du soleil, de même l'agitation mentale née de cette identification déforme la véritable nature, toujours bienheureuse, du Soi intérieur.

L'objectif de ce chapitre est de discuter des méthodes les plus simples, les plus rationnelles et les plus fondamentales, – accessibles à tous –, qui libéreront le

Soi spirituel, toujours bienheureux, de sa relation et de son identification funestes avec le corps et l'esprit éphémères, lui permettant ainsi d'échapper définitivement à la souffrance et d'atteindre la Félicité, ce qui constitue la religion en tant que telle.

Par conséquent, les méthodes fondamentales à prendre en considération sont religieuses par nature et impliquent des actions religieuses, car c'est grâce à elles que le Soi spirituel se libérera de l'identification avec le corps et l'esprit et donc de la souffrance, ce qui lui permettra d'atteindre la Félicité permanente ou Dieu.

Le « Fils de Dieu » et le « Fils de l'homme »

Lorsque le Christ se proclamait le « Fils de Dieu », il se référait à l'Esprit universel demeurant en lui. Dans Jean 10, 36, Jésus dit : « ... celui que le Père a sanctifié et envoyé dans le monde, (...). Et cela parce que j'ai dit : Je suis le Fils de Dieu. »

Mais, à d'autres moments, lorsque le Christ utilisait une expression différente, à savoir « le Fils de l'homme », il faisait référence au corps physique, à la progéniture de l'homme, la chair qui est issue d'un autre corps humain. Dans Matthieu 20, 18-19 par exemple, Jésus dit à ses disciples : « Voici, nous montons à Jérusalem et le Fils de l'homme sera livré aux principaux sacrificateurs (...) et ils le livreront aux païens pour qu'ils (...) le crucifient. »

Dans Jean 3, 5-6, le Christ dit : « ... si un homme ne naît d'eau [la vibration *Aum* ou *Amen* de l'océan cosmique, le Saint-Esprit, la force invisible qui soutient toute la création, Dieu, le Créateur dans Son aspect immanent] et d'Esprit, il ne peut entrer dans le royaume de Dieu. Car ce qui est né de la chair est chair, et ce qui est né de l'Esprit est Esprit. » Ces mots signifient qu'à moins de pouvoir *transcender* le corps et de réaliser que nous ne sommes qu'Esprit, nous ne pourrons entrer dans le royaume ou dans l'état de cet Esprit universel.

Cette pensée trouve son parallèle dans un couplet sanskrit des Écritures hindoues : « Si tu peux transcender le corps et te percevoir comme Esprit, tu seras éternellement bienheureux, libéré de toute souffrance. »

Il existe quatre méthodes religieuses fondamentales et universelles qui, si elles sont suivies dans la vie quotidienne, libéreront un jour le Soi spirituel des entraves de ses véhicules physique et mental. J'inclus dans ces quatre classes de méthodes religieuses toutes les pratiques religieuses possibles et imaginables auxquelles ont pu exhorter les saints, sages ou prophètes de Dieu quels qu'ils soient.

L'origine du sectarisme

Les pratiques religieuses sont inculquées par des prophètes sous forme de doctrines. Les hommes intellectuellement limités n'arrivent pas à interpréter la véritable teneur de ces doctrines et en retiennent la signification exotérique ou extérieure, laquelle dégénère petit à petit en pratiques et en conventions formelles et rigides. Telle est l'origine du sectarisme.

Le repos du sabbat fut mal interprété comme étant le repos de toute forme d'activité, y compris de l'activité religieuse. C'est là que réside le danger d'une compréhension limitée. Nous devrions nous souvenir que nous n'avons pas été créés pour le sabbat, mais que le sabbat a été créé pour nous ; que nous ne sommes pas faits pour les règles, mais que les règles sont faites pour

nous : elles changent au fur et à mesure que nous chan-
geons. Nous devons nous en tenir à l'essence d'une
règle et non dogmatiquement à sa forme extérieure.

Beaucoup de gens voient ce qui constitue la différence d'une religion à l'autre, à savoir les change-
ments au niveau de la forme ou des us et coutumes.
Cependant, la signification profonde de toutes les doctrines des différents prophètes est essentiellement la
même. La plupart des gens ne comprennent pas cela.

Le danger est tout aussi grand pour les personnes
d'intellect supérieur : elles essayent de connaître la
Vérité absolue par le seul exercice de l'intellect, alors
que la Vérité absolue peut seulement être réalisée. La
réalisation diffère de la simple compréhension. Il est
impossible de comprendre intellectuellement la dou-
ceur du sucre si nous n'y avons pas goûté. De la même
façon, la connaissance religieuse provient de l'expérience la plus profonde de notre âme. Nous l'oublions
souvent quand nous cherchons à en savoir davantage
sur Dieu, les dogmes religieux et la moralité. Nous
cherchons rarement à connaître ces choses par l'expérience religieuse intérieure.

Il est fort regrettable que des hommes d'une grande
puissance intellectuelle, qui réussissent à utiliser leur
raison pour découvrir de grandes vérités dans le domaine des sciences naturelles ou dans d'autres champs
de connaissance, pensent qu'ils pourront également
saisir intellectuellement les plus hautes vérités de la
religion et de la morale. Il est également dommage que
leur intellect ou leur raison, au lieu de les aider, les
empêche souvent de comprendre la Vérité suprême par
la seule voie possible qui est de la vivre dans leur vie.

Examinons maintenant les quatre méthodes qui
caractérisent le développement religieux.

LES QUATRE MÉTHODES RELIGIEUSES
FONDAMENTALES

1. La méthode intellectuelle

La méthode intellectuelle est la méthode habituelle et naturelle qui ne mène cependant pas rapidement au but.

Le développement et la progression de l'intellect sont naturels et donc communs à tous les êtres doués de raison. C'est la conscience que nous avons de nous-mêmes qui nous différencie des animaux, créatures inférieures, qui sont certes conscients, mais pas auto-conscients.

Dans les différentes étapes du processus de l'évolution, nous voyons que la conscience se transforme progressivement en auto-conscience et qu'à partir de la conscience animale, l'auto-conscience émerge. En essayant peu à peu de se libérer et de se connaître par elle-même, la conscience devient ainsi auto-consciente. Ce changement est causé par une nécessité évolutive qui est à la source du besoin universel de quêtes intellectuelles chez l'être humain. Le Soi spirituel, identifié à différents degrés à toutes sortes d'états corporels et mentaux, essaie graduellement et naturellement de retourner à lui-même par lui-même.

Le développement du processus conscient de la pensée est l'une des méthodes que le Soi spirituel adopte pour se dégager des entraves corporelles et mentales. L'effort du Soi spirituel pour retourner à lui-même, – à sa condition perdue –, par le développement intellectuel est naturel. C'est le processus que le monde utilise.

L'Esprit universel s'exprime par des degrés de

développement variables, des formes inférieures jusqu'aux formes supérieures. Dans le monde minéral, il n'y a ni vie, ni conscience, dans le sens où nous l'entendons. Dans le monde végétal se déroule une croissance végétative, une approche de la vie quelque peu entravée et sans aucun processus de pensée conscient. Chez les animaux se manifeste, avec la vie, la conscience de cette vie. Chez l'homme, – l'apogée –, il y a la vie, la conscience de la vie ainsi que celle du Soi (conscience du Soi).

Il est donc naturel que l'homme se développe au travers de la pensée et du raisonnement, par des études livresques approfondies, par des travaux de recherche indépendants et par de laborieuses investigations des causes et des effets dans le domaine de la nature.

Plus l'homme approfondit les processus de la pensée, plus il utilise pour ainsi dire la « méthode » par laquelle il est devenu ce qu'il est au cours du processus évolutionniste (c'est-à-dire la méthode par laquelle la conscience se transforme en conscience du Soi) et plus il se rapproche consciemment ou inconsciemment du Soi, car *par la pensée, nous nous élevons au-dessus du corps.*

En suivant délibérément cette méthode, des résultats sont certains. L'exercice de la pensée par l'étude pour acquérir des connaissances dans un domaine particulier n'est pas aussi efficace, – bien que dans une certaine mesure il améliore la conscience du Soi –, que le processus mental ayant pour objet unique de transcender le corps et de contempler la vérité.

En Inde, la méthode intellectuelle sous sa forme la plus élevée s'appelle le *Jnana Yoga*: parvenir à la véritable sagesse par la réactivation de sa mémoire ancienne et par le discernement, par exemple en se rappelant sans cesse ceci : « Je ne suis pas le corps. Le spectacle de la création qui défile devant mes yeux ne peut affecter mon Soi. Je suis Esprit. »

L'un des inconvénients de cette méthode est l'extrême *lenteur* du processus ; le Soi spirituel a besoin d'énormément de temps pour se réaliser ainsi. Bien que le Soi spirituel commence à appréhender sa propre conscience grâce à cette méthode, il reste cependant toujours en proie à des pensées fugitives avec lesquelles il n'a aucune parenté.

La tranquillité de l'Esprit se situe au-delà de la pensée et des sensations physiques, mais elle les submerge une fois réalisée.

2. La méthode dévotionnelle

Cette méthode consiste à essayer de fixer son attention sur un objet de pensée unique plutôt que sur différentes séries de pensées et sur des sujets variés, (comme dans la méthode intellectuelle).

La méthode dévotionnelle comprend toutes les formes d'adoration, telles que la prière (qui devrait exclure toute pensée ayant trait aux choses mondaines). Le Soi spirituel devrait fixer son attention sur l'objet de concentration de son choix avec une dévotion profonde – qu'il s'agisse d'un Dieu personnel ou d'une Omniprésence impersonnelle. L'important est que le fidèle se concentre *avec ferveur* sur une pensée dévotionnelle unique.

Par ce processus, le Soi spirituel se libère petit à petit des perturbations provoquées par la foule des pensées – la seconde série de distractions – et trouve le temps et l'occasion de penser à lui-même, en lui-même. Lorsque nous prions avec ferveur, nous oublions toutes les sensations corporelles et nous repoussons toutes les pensées importunes qui essaient de capter notre attention.

Plus notre prière est intense, plus la satisfaction ressentie est intense ; cela devient le critère par lequel nous mesurons à quel point nous nous sommes rapprochés de Dieu dans la Béatitude. À mesure que les sensations corporelles sont neutralisées et que les pensées vagabondes sont contrôlées, la supériorité de cette méthode sur la précédente devient manifeste.

Toutefois, cette méthode présente quelques inconvénients et certaines difficultés. En raison de l'attachement et de l'esclavage très ancien du Soi spirituel au corps – une habitude néfaste profondément enracinée –, ses tentatives en vue de détourner son attention de la sphère des sensations physiques et mentales restent infructueuses.

Malgré tout le désir qu'on puisse avoir de prier ou de pratiquer de tout son cœur une forme d'adoration, notre attention est inexorablement envahie par les sensations corporelles rebelles et les pensées fugitives qui remontent à la surface de notre mémoire. Lorsque nous prions, nous sommes souvent entièrement occupés à imaginer les conditions qui seraient favorables à notre exaucement ou trop prompts à éliminer tout ce qui est source d'inconfort physique.

Malgré tous nos efforts conscients, nos mauvaises habitudes, devenues une seconde nature, régentent les aspirations du Soi. L'esprit s'agite contre notre gré et nous pourrions dire en guise de paraphrase : « Là où est ton esprit, là aussi sera ton cœur. » On nous exhorte à prier Dieu de tout notre cœur ; mais au lieu de cela, nous prions l'esprit et le cœur généralement distraits par des pensées errantes et des impressions sensorielles.

3. *La méthode méditative*

Cette méthode et la suivante sont purement scientifiques ; elles impliquent un entraînement pratique prescrit par de grands sages qui ont réalisé la vérité dans leur propre vie. Je les ai moi-même apprises de l'un d'entre eux.

Il n'y a rien de mystérieux ni de dangereux dans ces méthodes, qui ne prêtent à aucune crainte. Elles sont simples si l'on s'est correctement familiarisé avec elles. On ne pourra manquer d'être frappé par leur vérité universelle. La connaissance issue de l'expérience pratique constitue la meilleure preuve de leur valeur et de leur utilité pragmatique.

En nous soumettant régulièrement au processus de la méditation jusqu'à en faire une habitude, nous pouvons nous mettre en état de « sommeil conscient ». En général, nous ressentons cet état calme et bienfaisant juste avant de tomber dans un sommeil profond, au seuil de l'inconscience, ainsi qu'au réveil avant de revenir à l'état de veille.

Dans cet état de « sommeil conscient » où nous sommes libérés de toute pensée et de toute sensation physique extérieure, le Soi a l'occasion de réfléchir sur lui-même, c'est-à-dire qu'il entre de temps à autre dans un état béatifique, suivant la profondeur et la fréquence de la pratique de la méditation.

Dans cet état, nous oublions temporairement toutes les distractions physiques et mentales qui distraient l'attention du Soi et nous nous en libérons provisoirement. Ce processus méditatif permet de contrôler les organes des sens externes en mettant au repos, comme dans le sommeil, les nerfs sensitifs.

Cet état de méditation n'est que le premier stade de la méditation réelle et non son état final. Dans le sommeil conscient, nous n'apprenons à contrôler que les organes des sens externes; la seule différence étant que dans le sommeil ordinaire, le contrôle des organes des sens est automatique, tandis que dans la méditation, il est volontaire.

Cependant, à ce stade primaire de la méditation, le Soi spirituel est encore susceptible d'être dérangé par les organes internes involontaires tels que les poumons, le cœur et d'autres parties du corps que, par erreur, nous supposons être au-delà de notre contrôle[1].

Nous devons donc rechercher une meilleure méthode que celle-ci; car aussi longtemps que le Soi spirituel ne peut se dissocier, à volonté, de toutes les sensations physiques – même des sensations intérieures qui occasionnent de nouvelles pensées –, mais qu'il reste vulnérable à ces distractions, il ne peut espérer les maîtriser, ni avoir le temps ou l'occasion de se connaître lui-même.

4. La méthode scientifique du yoga

Lorsque saint Paul a dit: «Je meurs chaque jour[2]», il voulait dire qu'il connaissait le processus de contrôle des organes internes et pouvait libérer volontairement son Soi spirituel du corps et de l'esprit, – une expérience que les gens ordinaires, non initiés, ne font qu'à leur

---

[1] Contrairement aux grands saints et sages, nous apprenons rarement à reposer ces organes internes. Parce que nous les supposons échapper à notre contrôle conscient, ils finissent par être surmenés et s'arrêtent de fonctionner; cet arrêt soudain est appelé «mort» ou «grand sommeil».

[2] I Corinthiens 15, 31.

mort, lorsque le Soi spirituel est libéré du corps usé.

En revanche, en se soumettant à un entraînement pratique et régulier de cette méthode scientifique[1], on peut percevoir le Soi comme séparé du corps, *sans que la mort finale n'intervienne.*

Je ne donnerai qu'un aperçu général du procédé et de la théorie scientifique véritable sur laquelle cette méthode se fonde. Je la définis ici à partir de ma propre expérience. Je peux dire que cette expérience est une vérité universelle constatable. Je puis aussi affirmer sans me tromper que la Félicité, qui est, comme je l'ai expliqué, notre but ultime, est ressentie à un degré intense pendant que l'on pratique cette méthode. La pratique en elle-même procure une joie intense, – une félicité bien plus pure, oserai-je dire, que la plus grande jouissance qu'aucun de nos cinq sens ou notre esprit ne pourront jamais nous procurer.

Je ne désire apporter à quiconque d'autre preuve de cette vérité que celle que lui procurera sa propre expérience. Plus on pratique cette méthode avec patience et régularité, plus on se sent intensément et durablement ancré dans la Félicité.

À cause de la persistance des mauvaises habitudes, la conscience de l'existence physique, accompagnée de tous ses souvenirs, se ranime occasionnellement et prend d'assaut cette tranquillité. Mais quiconque pratique cette méthode régulièrement et pendant assez de temps, peut être certain qu'en temps voulu, il parviendra à un état de Félicité tel qu'il transcendera

---

[1] La méthode scientifique dont il est question ici et tout au long des pages suivantes est le *Kriya Yoga,* une science spirituelle ancienne qui inclut certaines techniques de méditation yoguiques enseignées par Paramahansa Yogananda dans les *Leçons de la Self-Realization Fellowship. (Note de l'éditeur)*

le plan mental.

Cependant, nous devrions nous garder de chercher, dans un excès de zèle, à anticiper les résultats possibles de ce processus pour cesser ensuite, passée une brève période d'essai, de pratiquer la méthode. Afin de progresser réellement, trois conditions sont requises : accorder toute son attention et tout son amour à l'objet d'étude ; désirer apprendre avec un esprit d'investigation sincère ; persévérer jusqu'à ce que le but recherché soit atteint.

Si nous nous arrêtons à mi-chemin et abandonnons cette pratique après un bref laps de temps, le résultat souhaité ne se produira pas. Un néophyte sur la voie spirituelle qui essaie de préjuger de l'expérience de spécialistes (les maîtres et les prophètes de tous les temps) est comme un enfant qui tenterait de s'imaginer ce que sont les études universitaires.

Il est profondément regrettable que les gens passent le plus clair de leur temps et de leurs efforts à pourvoir à leurs besoins pour vivre dans le monde ou s'adonnent à des controverses intellectuelles sur des questions théoriques, mais semblent rarement penser qu'il vaille la peine de réaliser et d'expérimenter patiemment les vérités, qui non seulement vivifient, mais encore donnent un sens à leur vie. Leur attention est plus souvent engagée à des fins erronées qu'à des efforts constructifs.

J'ai pratiqué cette méthode pendant de nombreuses années et plus je la pratique, plus je ressens de joie d'être dans un état permanent et inépuisable de Félicité.

Nous devrions garder à l'esprit que le Soi spirituel a été l'esclave du corps pendant un nombre incalculable d'années. Il ne peut guère être libéré en un jour, pas plus qu'une pratique brève ou intermittente de cette méthode ne peut nous conduire à l'état suprême de Félicité ou nous donner le contrôle des organes internes. Une pratique patiente peut être nécessaire pendant très, très longtemps.

Ce qui peut être néanmoins garanti est que si l'on suit ce processus, on connaîtra l'immense joie qu'apporte la pure conscience de la Félicité. Plus nous pratiquerons cette méthode, plus vite nous atteindrons la Félicité. Mon souhait est qu'en tant que chercheurs de Félicité – ce que nous sommes tous – vous tentiez de ressentir en vous-même cette vérité universelle qui est en tous et que tout le monde peut éprouver. Cet état, personne ne l'a inventé. Il existe déjà et nous n'avons qu'à le découvrir.

Ne soyez pas indifférents à ce que j'écris tant que vous n'avez pas vérifié cette vérité. Il se peut que vous soyez las d'entendre toutes sortes de théories, dont aucune jusqu'ici n'a eu d'impact sur votre vie. Or, ceci n'est pas une théorie, mais une vérité réalisée. J'essaie de vous donner une idée de ce dont on peut réellement faire l'expérience.

J'eus la bonne fortune, il y a bien des années, d'apprendre cette vérité sacrée et scientifique par un grand saint[1] de l'Inde. Vous pouvez vous demander pourquoi j'insiste, pourquoi j'attire votre attention sur ces faits. Se pourrait-il que j'en retire quelque intérêt personnel ? La réponse est affirmative ! Je souhaite vous transmettre cette vérité dans l'espoir d'obtenir en retour une joie des plus pures, celle de vous avoir aidés à trouver vous-mêmes votre joie dans l'application et la réalisation de cette vérité.

[1] Swami Sri Yukteswar, guru de Paramahansa Yogananda. *(Note de l'éditeur)*

Explication physiologique de la méthode scientifique

Je dois à présent aborder quelques notions de physiologie pour vous permettre de comprendre cette méthode, au moins dans ses grandes lignes. Pour cela, je me référerai à l'activité des principaux centres et au courant électrique qui part du cerveau, passe à travers ces centres et se dirige vers les organes des sens externes et les organes internes, en les faisant vibrer de vie.

Il existe six centres principaux à travers lesquels le courant pranique (le courant vital ou l'électricité de la vie[1]) qui provient du cerveau est distribué au système nerveux. Ce sont:

1. le centre médullaire   4. le centre lombaire
2. le centre cervical   5. le centre sacré
3. le centre dorsal   6. le centre coccygien.

Le cerveau est la centrale électrique suprême (le centre le plus élevé). Tous les centres sont connectés entre eux et agissent sous l'influence de ce centre supérieur, à savoir des cellules cérébrales. Ces dernières déchargent le courant vital ou l'électricité à travers ces centres qui, à leur tour, distribuent cette électricité aux différents nerfs efférents et afférents lesquels, respectivement, transmettent les impulsions motrices, les sensations tactiles, visuelles et ainsi de suite.

Ce flux électrique provenant du cerveau est la vie de l'organisme (de ses organes internes et externes) et c'est par ce médiateur électrique que toutes nos impressions sensorielles atteignent le cerveau et suscitent des réactions sous formes de pensées.

---

[1] L'énergie intelligente, plus subtile que l'énergie atomique (*prana* ou force vitale), qui anime le corps et le maintient en vie. *(Note de l'éditeur)*

Si le Soi veut bannir efficacement les perturbations causées par la transmission de sensations physiques (qui génèrent aussi les associations de pensées), il doit contrôler et concentrer l'influx électrique, le retirer totalement du système nerveux pour le diriger vers les sept centres principaux (y compris le cerveau) et assurer par ce processus un repos parfait aux organes internes et externes.

Durant le sommeil, la conductivité électrique entre le cerveau et les organes des sens est partiellement inhibée, de sorte que les sensations ordinaires auditives, tactiles et autres n'atteignent pas le cerveau. Mais comme cette inhibition n'est pas complète, il suffit d'un stimulus extérieur de puissance suffisante pour rétablir la conductivité électrique, ce qui est signalé au cerveau, réveillant ainsi le dormeur. Cependant, même pendant le sommeil, il subsiste toujours un influx électrique continu dans les organes internes comme le cœur ou les poumons pour maintenir leur activité.

La pratique de la méthode scientifique libère des interférences physiques et mentales

Étant donné que le contrôle de l'électricité vitale est incomplet pendant le sommeil, il peut être perturbé par des sensations d'inconfort physique, par la maladie ou par de forts stimuli externes. Mais, par un procédé de contrôle scientifique qui ne peut être décrit en détail ici, nous pouvons maîtriser simultanément les organes internes et externes de notre système et ce, de manière parfaite. C'est là le résultat ultime de cette pratique. Mais il faudra peut-être de nombreuses années pour parvenir à ce contrôle parfait.

De même qu'après le sommeil (qui est un repos)

Paramahansa Yogananda à New York en 1926

Une des premières rencontres sous la direction de Paramahansa Yogananda au siège international de la SRF à Los Angeles en 1925

Le siège international de la Self-Realization Fellowship en 1982

les organes externes sont régénérés, de même après le repos résultant de la mise en pratique de cette méthode scientifique, les organes internes sont considérablement vitalisés et, puisque leur pouvoir d'activité est accru, la vie en est prolongée.

De même que nous ne craignons pas de nous endormir à l'idée que nos sens seront dans un état d'inertie passagère, de même nous ne devrions pas craindre de pratiquer la « mort consciente », c'est-à-dire de donner du repos à nos organes internes. Nous maîtriserons alors la mort car, lorsque nous estimerons que cette demeure charnelle n'est plus apte car trop délabrée, nous serons en mesure de la quitter de notre plein gré. « Le dernier ennemi qui sera détruit, c'est la mort[1] ».

Ce processus peut-être décrit ainsi: si la centrale téléphonique principale d'une ville est connectée en permanence aux différents quartiers grâce à un réseau câblé, les habitants peuvent envoyer des messages téléphoniques à cette centrale – même contre la volonté des autorités de la centrale – grâce au courant dans les lignes téléphoniques. Si la centrale principale veut interrompre la communication avec les différents quartiers de la ville, elle peut actionner le disjoncteur principal qui coupera le courant dans les lignes téléphoniques de ces quartiers.

La méthode scientifique enseigne un processus analogue qui nous permet de diriger le courant vital distribué partout dans les organes et les autres parties du corps vers notre *partie centrale*: l'épine dorsale et le cerveau. Le processus consiste à magnétiser la colonne vertébrale et le cerveau qui abritent les sept centres principaux, ce qui a pour résultat de renvoyer

---

[1] I Corinthiens 15, 26.

l'électricité vitale distribuée vers les centres de distribution originels et de l'éprouver alors sous forme de lumière. Dans cet état, le Soi spirituel peut se libérer consciemment des distractions physiques et mentales.

Le Soi spirituel est, pour ainsi dire, dérangé contre son gré par les appels téléphoniques de deux sortes de personnes : les personnes distinguées (les pensées) et les personnes ordinaires (les sensations physiques). Afin d'interrompre la communication avec elles, le Soi doit seulement retirer le courant des lignes téléphoniques qui convergent vers le générateur central de sa demeure en enclenchant le disjoncteur (c'est-à-dire en pratiquant la quatrième méthode) pour goûter un soulagement.

L'attention est la grande directrice et la grande distributrice d'énergie. Elle est la cause active de distribution du courant de vie électrique qui va du cerveau aux nerfs sensoriels et moteurs. Par exemple, pour chasser une mouche agaçante, nous dirigeons, grâce au pouvoir de l'attention, le courant électrique le long des nerfs moteurs, ce qui produit le mouvement de la main désiré. Je cite cet exemple afin de vous donner une idée du pouvoir grâce auquel le flux électrique du corps peut être contrôlé et renvoyé vers ses sept centres.

Ce sont ces sept centres cérébrospinaux étoilés (astraux) et leur mystère qui sont mentionnés dans l'Apocalypse de la Bible : saint Jean rompit les sceaux des sept centres occultes et s'éleva à une véritable compréhension de lui-même en tant qu'Esprit. « Écris donc les choses que tu as vues, (…) le mystère des sept étoiles[1] … »

---

[1] Apocalypse 1, 19-20.

Une pratique assidue de la méthode scientifique conduit à la conscience de la Félicité ou Dieu

Pour conclure, j'aimerais décrire la nature des états apparaissant lorsque le flux électrique est *complètement* sous contrôle. Au début, une sensation très agréable est ressentie durant la magnétisation de la colonne vertébrale. Mais une pratique longue et assidue produira un état de Félicité conscient, neutralisant l'état d'excitation généré par notre conscience physique.

Cet état bienheureux a été décrit comme notre but universel et notre nécessité première, parce qu'en lui nous sommes réellement conscients de Dieu – ou de la Félicité – et que nous éprouvons l'expansion de notre véritable Soi. Plus nous faisons cette expérience, plus notre individualité étriquée disparaît, plus vite nous atteignons l'état d'universalité et plus intime et immédiate est notre communion avec Dieu.

La religion n'est en réalité rien d'autre que la fusion de notre individualité avec l'universalité. C'est pourquoi, par la conscience de cet état bienheureux, nous gravissons les différents paliers de la religion. Nous quittons l'atmosphère malsaine des sens et des pensées vagabondes pour entrer dans la région de la Félicité céleste.

Par ce processus, nous apprenons quelque chose qui s'avère être une vérité universelle : lorsque, par une pratique constante, la conscience de cet état béatifique du Soi spirituel devient une réalité, nous nous trouvons en permanence dans la sainte présence du Dieu bienheureux en nous. Nous nous acquittons mieux de nos devoirs, car nous sommes plus attentifs aux devoirs eux-mêmes qu'à notre propre égoïsme qui engendre la conscience du plaisir et de la douleur. Alors nous pouvons résoudre le mystère de l'existence et donner un véritable sens à notre vie.

Dans les enseignements de toutes les religions, que ce soit dans le christianisme, l'islam ou l'hindouisme, une même vérité est soulignée : tant que l'homme ne se reconnaît pas comme appartenant à l'Esprit – la source suprême de Félicité – il reste limité par des concepts mortels et assujetti aux lois inexorables de la nature. La connaissance de son être véritable lui apporte la liberté éternelle.

Nous ne pouvons connaître Dieu qu'en nous connaissant nous-mêmes, car notre véritable nature est semblable à la Sienne. L'homme a été créé à l'image de Dieu. Si vous étudiez et pratiquez avec sérieux les méthodes décrites dans ce livre, vous saurez que vous êtes un esprit bienheureux et vous réaliserez Dieu.

Les méthodes de ce livre comprennent l'essentiel de tous les moyens concevables pour réaliser Dieu. En revanche, les mille et une règles conventionnelles et les pratiques secondaires prescrites par ce qu'on appelle les différentes religions en sont exclues, car certaines se rapportent simplement à des tournures d'esprit diverses et sont donc moins importantes, bien qu'elles aient tout à fait leur raison d'être ; d'autres font partie de la pratique de ces méthodes et n'ont donc pas besoin d'être détaillées dans le cadre restreint de cet ouvrage.

La méthode scientifique agit directement avec l'énergie vitale

La supériorité de cette méthode par rapport aux autres tient au fait qu'elle fonctionne précisément avec ce qui nous lie à notre individualité limitée : la *force vitale.* Au lieu d'être inversée et réabsorbée dans la force expansive et auto-consciente du Soi, la force vitale se dirige généralement vers l'extérieur, mobilisant constamment le corps et l'esprit et créant des distractions pour le Soi spirituel sous la forme de sensations physiques et de pensées passagères.

Du fait que l'influx vital se dirige vers l'extérieur, les sensations et les pensées gênent et troublent l'image calme du Soi, autrement dit de l'Âme. Cette méthode nous enseigne à intérioriser la force vitale et constitue donc une méthode *directe* et *immédiate* qui nous mène tout droit à la conscience du Soi, au Dieu-Félicité, sans aucune aide intermédiaire.

Cette méthode sert à maîtriser et à diriger le courant de force vitale par le contrôle et la régulation d'une manifestation connue et connectée directement à la force vitale elle-même. Les autres méthodes utilisent l'aide de l'intellect ou du processus de la pensée pour contrôler la force vitale afin d'induire la conscience du Soi dans ses aspects bienheureux et autres.

Il est important de noter que toutes les méthodes religieuses du monde enjoignent, directement ou indirectement, tacitement ou ouvertement, la maîtrise, la régulation et la conversion de la force vitale pour permettre de transcender le corps et l'esprit et de connaître le Soi dans son état originel. Dans la quatrième méthode, la force vitale se contrôle directement par la force vitale, tandis que dans les autres méthodes, elle est maîtrisée par l'intermédiaire de la pensée, de la prière, des bonnes œuvres, de l'adoration ou du « sommeil conscient ».

La présence de la vie en l'homme est l'existence ; son absence est la mort. Par conséquent, la meilleure méthode doit être celle qui enseigne comment la vie peut directement se contrôler elle-même.

Des sages de toutes les époques et vivant sous des cieux différents ont proposé des méthodes adaptées à la mentalité et aux conditions de vie des peuples parmi lesquels ils vivaient et prêchaient. Certains ont insisté sur la prière; d'autres sur le sentiment; d'autres encore sur les bonnes œuvres, l'amour, la raison, la pensée ou la méditation. Mais leurs motifs étaient les mêmes.

Ils pensaient tous que la conscience du corps devait être transcendée en intériorisant la force vitale et que le Soi devait être réalisé à la façon de l'image du soleil qui se reflète dans une eau parfaitement calme et paisible. Leur but était justement d'impartir ce que la quatrième méthode enseigne directement, sans aucune aide intermédiaire.

Il convient en outre de noter que la mise en pratique de cette méthode n'empêche pas de cultiver l'intellect, de prendre soin de son corps physique ou de mener une vie sociale utile, c'est-à-dire une vie animée des meilleurs sentiments et des plus nobles motivations, consacrée aux œuvres humanitaires. En fait, un entraînement *équilibrant tous les aspects* devrait être prescrit à tous. Il aidera à pratiquer la méthode sans la retarder; la seule chose requise sera de ne pas perdre de vue son but. Alors, toutes nos activités et toutes nos occupations tourneront à notre avantage.

Le plus important, dans ce processus, est de comprendre pleinement le mystère de la force vitale qui soutient l'organisme humain en le faisant vibrer d'énergie vitale.

CINQUIÈME PARTIE

Les instruments de la connaissance et la validité théorique des méthodes religieuses

Dans les chapitres précédents, nous avons parlé de l'universalité et de la nécessité de l'idéal religieux (le Dieu-Félicité dont l'existence et la conscience sont éternelles) ainsi que des méthodes pratiques pour l'atteindre. Nous allons discuter maintenant du bien-fondé de ces méthodes.

Il s'agit de méthodes essentiellement pratiques dont l'application doit permettre d'atteindre cet idéal, que nous nous préoccupions ou non de la théorie. Le résultat concret, palpable et bien réel, est en lui-même une preuve de leur valeur.

Il faut bien comprendre qu'il n'est pas indispensable de démontrer leur valeur par des explications théoriques. Mais, dans le simple but de satisfaire le lecteur, nous traiterons *a priori* de la valeur des théories de la connaissance sur lesquelles se fondent ces méthodes afin de livrer également la démonstration théorique de leur validité.

C'est alors que se posera la question épistémologique suivante : comment et jusqu'à quel point pouvons-nous connaître l'idéal, la vérité ? Pour savoir comment nous connaissons l'idéal, nous devons commencer par nous demander comment nous connaissons le monde réel. Nous devons nous pencher sur le processus par lequel nous l'appréhendons. Ensuite, nous pourrons déterminer si notre façon de connaître le monde est la même que celle que nous utilisons pour connaître l'idéal; nous pourrons aussi savoir si le monde réel est séparé de l'idéal ou si, en fait, les deux s'interpénètrent, en d'autres termes, si c'est seulement le processus de connaissance qui diffère dans les deux cas.

Avant de poursuivre, discutons d'abord des « instruments » de la connaissance, c'est-à-dire de la manière qui rend la connaissance du monde possible. Il existe trois instruments ou moyens de connaissance : la perception, la déduction et l'intuition.

LES TROIS INSTRUMENTS DE LA CONNAISSANCE

1. La perception

Nos sens sont, pour ainsi dire, des fenêtres par lesquelles entrent les stimuli externes qui agissent sur l'esprit, lequel reçoit passivement ces impressions. Les stimuli entrant par les fenêtres de nos sens ne peuvent laisser d'impression sur notre esprit si celui-ci ne fonctionne et ne coopère.

L'esprit non seulement établit des connexions à partir des stimuli qu'il reçoit par le truchement des sens, mais il emmagasine aussi leurs influences sous forme d'impressions. Néanmoins, ces impressions demeurent une masse confuse et déconnectée jusqu'à ce que le pouvoir de discrimination (*buddhi*) les organise. Celui-ci établit alors un rapport pertinent grâce auquel les détails extérieurs du monde sont reconnus en tant que tels. Ils sont, pour ainsi dire, projetés et perçus comme des formes spatio-temporelles, possédant des associations distinctes telles que la quantité, la qualité, la mesure et la signification. Une maison, par exemple, est alors identifiée en tant que maison et distinguée d'un poteau. C'est le résultat de l'intelligence discriminative (*buddhi*).

Nous pouvons voir un objet, le sentir et l'entendre lorsqu'il heurte quelque chose; notre esprit reçoit ces impressions et les emmagasine. L'intellect (*buddhi*) les interprète et semble les projeter dans le temps (présent, passé ou futur) et dans l'espace sous forme d'une maison avec ses différentes parties selon la taille, l'architecture, la couleur, la forme et le style ainsi que dans sa relation à d'autres objets. C'est de cette manière que nous commençons à connaître le monde.

Bien qu'une personne atteinte de troubles mentaux stocke également ces impressions, ces dernières ne forment qu'un chaos dans son esprit, puisqu'elles ne sont ni triées, ni classées en groupes distincts et bien ordonnés par l'intellect.

Mais il se pose alors la question suivante: peut-on connaître la Réalité (l'Idéal, le Dieu-Félicité toujours conscient et toujours existant) par ce mode de perception? Le processus cognitif du monde (par la perception) est-il valide quand il s'agit de connaître la vérité suprême?

Nous savons que l'intellect ne peut travailler qu'avec des données fournies par les sens. Il est certain que les sens ne nous donnent que des stimuli concernant les qualités et la diversité des objets. Mais si les sens procurent la diversité, l'intellect la traite lui aussi et reste dans sa région. Bien qu'il puisse percevoir « l'unité dans la diversité », il ne peut faire un avec elle; c'est là sa limite. La perception intellectuelle ne peut pas vraiment dévoiler la nature véritable de la Substance universelle unique qui sous-tend les diverses manifestations.

C'est là le propre verdict de la raison. Lorsque l'intellect (*buddhi*) s'applique à lui-même pour juger jusqu'à quel point il a la capacité de connaître la réalité suprême en interprétant les impressions sensorielles, il se trouve désespérément confiné au monde sensoriel. Il n'a pas d'accès à l'ouverture par laquelle il pourrait pénétrer dans le monde suprasensible.

D'aucuns allègueront que c'est parce que nous dressons une barrière entre le monde sensible et le monde suprasensible que la raison ne parvient pas à croire qu'elle pourrait avoir accès au suprasensible. D'après eux, si nous comprenons que le suprasensible se manifeste dans et par le sensible, alors, en connaissant le monde sensible, nous pouvons aussi – du fait de sa relation (téléologie ou adaptation) ainsi que de tous les détails et différences induits par le processus intellectuel – connaître le suprasensible qui se manifeste comme « unité dans la diversité ».

Mais l'on peut se demander quelle est la nature de cette connaissance-là. N'est-ce qu'une idée dans le cerveau ou est-ce une *vision* de première main, évidente et directe de la vérité (unité dans la diversité)? Cette forme de connaissance porte-t-elle en elle la même force de conviction que si l'on faisait un avec elle? Certainement pas, car cette connaissance est partielle et donc imparfaite: c'est comme si l'on regardait à travers une fenêtre aux vitres colorées derrière laquelle se trouverait le monde suprasensible. Tels sont les arguments *a priori* qui vont à l'encontre de la perception comme instrument de connaissance de la réalité suprême, donc de Dieu.

À partir de notre expérience personnelle du calme, nous savons également que nous ne pouvons parvenir à cet état bienheureux, qui est la réalité suprême et l'idéal même (selon la démonstration faite dans les chapitres précédents), à moins de nous élever considérablement au-dessus de l'état d'agitation qui caractérise le niveau de la perception. Plus nous abandonnons les perceptions et les pensées intérieures gênantes, plus nous avons de chance de nous rapprocher de l'état supramental de Félicité, c'est-à-dire de Dieu qui est la Félicité suprême.

Il est d'expérience commune que la perception ordinaire et la Félicité semblent s'exclure mutuellement. Cependant, aucune de nos méthodes n'a pour base la seule perception ; l'inaptitude de celle-ci à connaître la Réalité n'a donc aucune importance.

2. *La déduction*

C'est un autre moyen de connaître le monde. Mais la déduction elle-même se fonde sur l'expérience, sur la perception, qu'elle soit déductive ou inductive. Nous savons par expérience qu'il n'y a pas de fumée sans feu ; par conséquent, chaque fois que nous voyons de la fumée, nous en déduisons qu'un feu est proche. C'est une déduction, mais elle n'est possible que grâce à notre expérience antérieure (la perception) de la fumée associée au feu. Le raisonnement inductif dépend lui aussi de la perception.

Nous observons qu'un certain type de bacille est la cause du choléra ; nous découvrons le lien causal entre ce type de bacille et le choléra et en déduisons aussitôt qu'à chaque fois que nous trouverons ce bacille, nous serons en présence du choléra. Bien que nous sautions ici de cas connus de choléra à d'autres encore inconnus, il n'en demeure pas moins que par inférence, nous ne déduisons aucun fait nouveau, même si les cas eux, sont nouveaux. La possibilité même d'établir un lien causal entre certains bacilles et le choléra dépend, au départ, de l'observation (de la perception) de cas spécifiques.

Ainsi, la déduction dépend en fin de compte de la perception. Nous ne recueillons aucun renseignement nouveau des cas que nous avons constatés par déduction, rien de vraiment nouveau que l'on n'ait déjà trouvé dans les cas observés auparavant. Dans ceux-là, de même que dans les cas inférés, les bacilles engendrent le choléra; il n'y a donc pas de vérité nouvelle, mais seulement de nouveaux cas.

Quelles que soient les formes de pensée, de raisonnement, de déduction ou d'imagination employées, nous ne voyons toujours pas la Réalité en face. La raison ou la pensée peuvent ordonner systématiquement les faits tirés de l'expérience; elles peuvent s'efforcer de voir les choses globalement et essayer de pénétrer le mystère du monde, mais leurs efforts sont entravés par les données sur lesquelles elles s'exercent, à savoir les faits de l'expérience, les impressions sensorielles. Ce sont des faits purs et durs, décousus et limités par nos pouvoirs de perception. Ces données gênent plutôt qu'elles n'aident le processus mental, qui est lui-même continuellement en mouvement.

La première méthode religieuse, comme nous l'avons démontré, est une méthode intellectuelle qui utilise le processus mental pour connaître la Réalité: l'état de Félicité et de calme réalisation. Mais elle échoue. Les perceptions physique nous perturbent; le processus mental, distrait par les impressions

sensorielles variées et agitées qu'il traite, nous empêche, lui aussi, de demeurer dans un état de concentration prolongé. De ce fait, nous ne parvenons pas à la
conscience de l'unité dans la diversité. L'un des avan-
tages de la méthode intellectuelle est qu'en étant ab-
sorbés dans le monde de la pensée, nous transcendons
dans une certaine mesure les sensations physiques.
Mais cela reste toujours temporaire.

Dans la méthode dévotionnelle et la méthode
méditative, le processus mental est moins important,
bien qu'il soit encore présent. Dans la méthode dévotionnelle (c'est-à-dire par les rituels ou les cérémonies,
par la prière collective ou individuelle), le processus
mental est engagé en grande partie dans l'aménage-
ment de conditions favorables. Pourtant, la tentative
de se concentrer sur un sujet d'adoration ou de prière
existe.

La méthode dévotionnelle produit de bons résultats à condition que les pensées diverses soient maî-
trisées ou retenues. Mais son défaut réside dans une
concentration trop superficielle, dues à de mauvaises
habitudes consolidées au fil des âges : à la moindre per-
turbation, les divers processus mentaux se mettent en
route.

Dans la méthode méditative, la concentration est
fixée sur un objet mental unique ; comme elle ne comporte pas de formalités, de conventions ou de rites externes, le déclenchement des processus mentaux n'est
pas aussi aisé que dans la méthode dévotionnelle. Il y a
alors une tendance progressive à quitter la sphère de la
pensée pour entrer dans celle de l'intuition, que nous
allons examiner à présent.

3. *L'intuition*

Jusqu'ici, nous avons pris en compte les instruments et les moyens de connaissance du monde sensoriel. L'intuition, dont il est question maintenant, est le processus par lequel nous connaissons le monde suprasensible, le monde au-delà des sens et des pensées. Il est vrai que le suprasensible s'exprime dans et à travers le sensible et que connaître celui-ci complètement, c'est connaître celui-là, bien que le processus de connaissance des deux soit différent.

Sommes-nous seulement capables de connaître le monde sensible dans toute son ampleur simplement par la perception et la pensée ? Non, assurément. Il existe une infinité de faits, de choses, de lois et de relations dans la nature et ne serait-ce que dans notre propre organisme qui sont encore un livre fermé pour l'humanité. Nous sommes encore bien moins capables de connaître le domaine suprasensible par la perception et la pensée.

L'intuition vient de l'intérieur, la pensée de l'extérieur. L'intuition permet de regarder la Réalité suprême en face; la pensée n'en donne qu'une vision indirecte. L'intuition, par une étrange empathie, voit la Réalité dans sa totalité, tandis que la pensée la fractionne.

Tout homme possède le pouvoir de l'intuition tout comme il possède celui de la raison. L'intuition peut se développer, tout comme la pensée. Par intuition, nous sommes en harmonie avec la Réalité – avec le monde de la Félicité, avec « l'unité dans la diversité », avec les lois internes qui gouvernent le monde spirituel, avec Dieu.

Comment savons-nous que nous existons ? Par la perception des sens ? Les sens sont-ils les premiers à nous informer que nous existons ? Est-ce d'eux que vient la conscience d'exister? Cela est impossible, car tenter de savoir grâce aux sens que nous existons présuppose d'avoir la conscience d'exister. Les sens ne peuvent consciemment se rendre compte de quoi que ce soit sans que nous sachions préalablement que nous existons par le fait même de le ressentir intuitivement.

Est-ce la déduction, le processus mental, qui nous dit que nous existons? Assurément non. Car les données de la pensée doivent être des impressions sensorielles qui, comme nous venons de le voir, ne peuvent rien nous dire de notre existence, puisque le sentiment d'exister doit leur être présupposé. Le processus mental ne peut pas non plus nous apporter la conscience d'exister, car il l'implique déjà. Lorsque nous nous comparons au monde extérieur, nous nous appliquons à penser ou à inférer que nous existons en lui, la conscience d'exister étant déjà présente dans l'acte même de penser et d'inférer.

Alors, si ni les sens ni les pensées ne peuvent nous le dire, comment savons-nous que nous existons? Seule l'intuition peut nous donner ce savoir. Cette connaissance est *une des formes* de l'intuition. Elle se situe au-delà des sens et des pensées, puisqu'elle les rend possibles.

Il est très difficile de définir l'intuition, parce qu'elle est trop proche de chacun de nous et que chacun l'éprouve. Savons-nous ce qu'est la conscience d'exister? Chacun le sait. Cela est trop intime pour pouvoir être défini. Demandez à quelqu'un comment il sait qu'il existe; il restera muet. Il le sait, sans toutefois pouvoir le définir. Il peut essayer de l'expliquer, mais son explication ne révèlera pas son ressenti intérieur. Chaque forme d'intuition possède ce caractère particulier.

La quatrième méthode religieuse, expliquée dans

le chapitre précédent, est fondée sur l'intuition. Plus nous serons déterminés, plus notre vision de la Réalité, c'est-à-dire de Dieu, sera étendue et claire.

C'est par l'intuition que l'humanité atteint la Divinité, que le monde du sensible est relié à celui du suprasensible et que l'on *ressent* ce dernier s'exprimer dans le sensible et à travers celui-ci. L'influence des sens disparaît, les pensées importunes s'évanouissent, le Dieu-Félicité est réalisé et la conscience que « tout est en Un et Un en tout » se fait jour en nous. C'est cette intuition que tous les grands sages et tous les prophètes du monde possédaient.

La troisième méthode, la méthode méditative expliquée dans la quatrième partie, nous transporte également dans le monde de l'intuition, à condition d'être pratiquée sérieusement. Mais c'est un peu un détour, car elle prend d'ordinaire plus de temps pour produire en nous les états successifs du processus intuitif ou de réalisation.

Grâce à l'intuition, Dieu peut être réalisé sous tous Ses aspects

Ainsi, c'est par l'intuition que Dieu peut être réalisé sous tous Ses aspects. Aucun de nos sens ne peut nous révéler la connaissance de Dieu ; ils ne donnent que la connaissance de Ses manifestations. Ni la pensée, ni la déduction ne peuvent nous rendre aptes à Le connaître tel qu'Il est vraiment, car la pensée ne peut pénétrer au-delà des données sensorielles ; elle ne peut qu'ordonner et interpréter les impressions des sens.

Si les sens sont impuissants à nous conduire à Dieu, les pensées (qui dépendent d'eux) en sont également incapables. Aussi devrions-nous nous tourner vers l'intuition pour connaître Dieu dans Ses aspects bienheureux et autres.

Il existe néanmoins de nombreux obstacles à cette façon intuitive de voir, à la réalisation de la vérité. En voici quelques-uns : la maladie, l'incapacité mentale, le doute, l'indolence, l'état d'esprit mondain, les idées fausses et l'instabilité.

Ces tendances sont soit innées, soit engendrées et aggravées par l'association avec autrui. Nos défauts sont des tendances innées (*samskaras*) que nous pourrions surmonter par un effort mental conscient (*purusaka*). En utilisant notre force de volonté, nous pouvons détruire toutes nos faiblesses. Nous pouvons éradiquer nos mauvaises habitudes et en former de bonnes grâce à des efforts adéquats et par la fréquentation de gens de bien, de véritables fidèles de Dieu. Il se peut que nous ne parvenions pas à la pleine connaissance de la religion véritable, ni à toute la compréhension de son caractère universel et de sa nécessité avant de nous associer à ceux qui l'ont vue, vécue et réalisée dans leurs vies.

L'esprit d'investigation est en chacun de nous. Dans ce monde, chacun cherche la vérité. Elle est son héritage immortel et il la recherche, aveuglément ou sagement, jusqu'à ce qu'il l'ait totalement reconquise. Il n'est jamais trop tard pour s'amender. « Cherchez et vous trouverez ; frappez et l'on vous ouvrira [1]. »

---

[1] Matthieu 7, 7.

SUR L'AUTEUR

« *La vie de Paramahansa Yogananda est une parfaite expression de l'idéal de l'amour pour Dieu et du dévouement à l'humanité... Bien qu'il ait passé la plus grande partie de sa vie en dehors de l'Inde, son pays natal, il a sa place parmi nos plus grands saints. Son œuvre continue à grandir et à rayonner toujours davantage, attirant des pèlerins spirituels de tous les horizons sur le chemin de la connaissance de l'Esprit.* »

Extrait d'un hommage rendu par le gouvernement de l'Inde à Paramahansa Yogananda lors de l'émission d'un timbre commémoratif en l'honneur du vingt-cinquième anniversaire de sa mort.

Paramahansa Yogananda naquit le 5 janvier 1893 sous le nom de Mukunda Lal Ghosh dans la ville de Gorakhpur, située au nord de l'Inde, aux pieds de l'Himalaya. Dès les premières années de sa vie, il fut évident qu'il avait été choisi pour accomplir une destinée divine. Selon ses proches, la profondeur de sa conscience et de son expérience de la spiritualité, qu'il démontra dès son jeune âge, était de loin supérieure à la moyenne. Dans sa jeunesse, il recherche la compagnie de nombreux sages et saints indiens afin de trouver un maître illuminé qui le guiderait dans la quête de son âme.

C'est en 1910, à l'âge de dix-sept ans, qu'il rencontra le révéré Swami Sri Yukteswar dont il devint le disciple. Il passa la majeure partie des dix années suivantes dans l'ermitage de ce grand maître du yoga qui lui enseigna une discipline stricte mais affectueuse. Après avoir terminé ses études avec succès à l'Université de Calcutta en 1915, il prit solennellement ses vœux de moine dans le vénérable Ordre monastique des Swamis de l'Inde et reçut alors le nom de Yogananda (signifiant félicité, *ananda*, à travers l'union avec Dieu, *yoga*).

En 1917, Sri Yogananda entreprit l'œuvre de sa vie en fondant une école d'art de vivre pour garçons combinant des méthodes d'éducation modernes avec un entraînement au yoga et un enseignement des idéaux spirituels. Trois ans plus tard, il fut invité comme le délégué de l'Inde à un Congrès international des religieux libéraux se tenant à Boston. L'exposé intitulé « La Science de la Religion » qu'il présenta à ce congrès fut salué avec enthousiasme.

Durant les années suivantes, il donna des conférences et dispensa ses enseignements sur la côte Est; en 1924, il entreprit une tournée de conférences sur tout le continent américain. En janvier 1925, il débuta à Los Angeles une série de conférences et de cours de deux mois. Comme partout ailleurs, il fut acclamé pour ses propos accueillis avec le plus grand intérêt. Le *Los Angeles Times* écrivit: « Le Philarmonic Auditorium présente le spectacle extraordinaire de milliers de personnes… refoulées une heure avant l'ouverture prévue des portes pour une conférence ayant lieu dans une salle absolument comble d'une capacité de 3 000 places. »

Plus tard, la même année, Sri Yogananda établit à Los Angeles le siège international de la Self-Realization Fellowship, la société qu'il avait fondée en 1920, afin de diffuser ses enseignements sur l'ancestrale science et philosophie du yoga et ses méthodes de méditation dont les siècles ont fait la renommée [1]. Durant les dix années qui suivirent, il voyagea beaucoup, donnant des conférences dans les principales villes du pays. Parmi ceux qui devinrent ses étudiants se trouvèrent de nombreuses personnalités éminentes faisant partie du monde des sciences, des affaires et des arts, comme l'horticulteur Luther Burbank, Amelita Galli-Curci, soprano au Metropolitan Opera, Margaret Wilson, fille du président Woodrow Wilson, le poète Edwin Markham ou le chef d'orchestre Leopold Stokowski.

Après une tournée de dix-huit mois en Europe et en Inde en 1935-36, il commença à se retirer quelque peu et à diminuer le nombre de ses conférences publiques sur le sol américain afin de se consacrer à bâtir des fondements durables pour son œuvre mondiale et à la rédaction d'ouvrages qui transmettraient son message aux générations futures. L'histoire de sa vie, *Autobiographie d'un Yogi*, parut en 1946. Publié sans interruption depuis lors, cet ouvrage traduit en de nombreuses langues a conquis la réputation d'un grand classique de la littérature spirituelle de notre temps.

De nos jours, l'œuvre spirituelle et humanitaire commencée par Paramahansa Yogananda se poursuit sous la direction de Sri Mrinalini Mata, l'une de ses plus proches disciples et présidente actuelle de la Self-Realization Fellowship et de la Yogoda Satsanga Society

---

[1] La voie spécifique de méditation et de communion divine enseignée par Paramahansa Yogananda est connue sous le nom de *Kriya Yoga*, une science spirituelle sacrée dont l'origine, en Inde, remonte à plusieurs millénaires. L'ouvrage autobiographique de Sri Yogananda, *Autobiographie d'un Yogi*, donne une introduction générale à la philosophie et aux méthodes du *Kriya Yoga*; des instructions détaillées sur les techniques peuvent être obtenues par les étudiants qualifiés qui suivent les *Leçons de la Self-Realization Fellowship*.

of India [1]. En plus de la publication de livres, de conférences, d'écrits et de propos informels de Paramahansa Yogananda – y compris une série complète de *Leçons de la Self-Realization Fellowship* à étudier chez soi – la société guide les membres de la Self-Realization dans leur pratique des enseignements de Sri Yogananda. Elle se charge également de superviser ses temples, retraites et centres de méditation du monde entier ainsi que les communautés monastiques de l'Ordre de la Self-Realization. Elle coordonne aussi le Cercle de Prière mondial dont l'objet est de contribuer à la guérison physique, mentale ou spirituelle de ceux qui sont dans le besoin et de renforcer l'harmonie au sein des nations.

Depuis son décès en 1952, Paramahansa Yogananda a été reconnu comme l'un des grands personnage véritablement spirituels de notre époque. Grâce à ses enseignements universels et à sa vie exemplaire, il a aidé des personnes de toutes races, cultures et croyances à réaliser et à exprimer de manière plus complète dans leurs vies la beauté et la noblesse de l'esprit humain. Dans un article sur la vie et l'œuvre de Sri Yogananda, le Dr. Quincy Howe Jr., ancien professeur de religion comparée à Scripps College, écrivit : « De l'Inde, Paramahansa Yogananda apporta à l'Occident non seulement la promesse pérenne que Dieu peut être réalisé, mais également une méthode pratique permettant aux aspirants spirituels de tous les horizons de progresser rapidement vers ce but. Compris d'abord en Occident sous ses aspects les plus abstraits et les plus élevés, l'héritage spirituel de l'Inde est désormais accessible en tant que pratique et expérience à tous ceux qui

---

[1] L'œuvre de Paramahansa Yogananda est connue en Inde sous le nom de Yogoda Satsanga Society.

aspirent à connaître Dieu non pas dans l'au-delà, mais déjà ici-bas... Yogananda a mis à la portée de tous les voies de contemplation les plus élevées. »

PARAMAHANSA YOGANANDA :
UN YOGI DANS LA VIE ET DANS LA MORT

Paramahansa Yogananda est entré en *mahasamadhi* (état où le yogi quitte consciemment et définitivement son corps physique) à Los Angeles en Californie, le 7 mars 1952, à l'issue du discours qu'il prononça lors d'un banquet donné en l'honneur de M. Binay R. Sen, ambassadeur de l'Inde.

Ce grand enseignant de l'humanité démontra ainsi la valeur du yoga (ensemble de techniques scientifiques utilisées pour atteindre la réalisation de Dieu) non seulement dans sa vie, mais aussi dans sa mort. Plusieurs semaines après son décès, son visage inchangé resplendissait de la lumière divine de l'incorruptibilité.

M. Harry T. Rowe, directeur de Forest Lawn Memorial-Park, le cimetière de Los Angeles où le corps du grand yogi repose temporairement, envoya à la Self-Realization Fellowship une lettre notariée dont est tiré ce qui suit :

« L'absence de tout signe visible de décomposition du corps de Paramahansa Yogananda offre le cas le plus extraordinaire qu'il nous ait été donné d'observer... Même vingt jours après son décès, son corps ne présentait aucune détérioration physique... Aucune trace d'altération n'était visible sur sa peau, aucune dessiccation (déshydratation) ne s'était produite dans les tissus de son corps. Cet état de parfaite conservation d'un corps est, pour autant que nous le sachions, unique dans les annales mortuaires... Lorsque le corps de Yogananda est arrivé au dépôt mortuaire de Forest Lawn, notre personnel s'attendait à voir, par la vitre du cercueil, les signes habituels de décomposition progressive du corps. Notre étonnement grandissait au fur et à mesure que les jours passaient sans que nous puissions observer aucun changement visible de son corps. Selon toute apparence, le corps de Yogananda présentait un cas phénoménal d'immuabilité...

« Aucune odeur de décomposition n'a jamais émané, à aucun moment, de son corps... L'apparence physique de Yogananda à la date du 27 mars, juste avant que le couvercle de bronze du cercueil ne soit mis en place, était la même que celle qu'il avait le 7 mars. Le 27 mars, son aspect était aussi frais et inaltéré qu'au soir de son décès. Le 27 mars, rien ne permettait de dire que son corps aurait souffert la moindre décomposition physique apparente. Pour ces raisons, nous répétons que le cas de Paramahansa Yogananda est un cas unique dans toute notre expérience. »

RESSOURCES SUPPLÉMENTAIRES SUR LES TECHNIQUES DE KRIYA YOGA ENSEIGNÉES PAR PARAMAHANSA YOGANANDA

La Self-Realization Fellowship se consacre à aider gratuitement les chercheurs de vérité du monde entier. Pour obtenir des informations sur nos cycles de conférences publiques et de cours donnés chaque année, sur les méditations et les services divins qui ont lieu dans nos temples et nos centres à travers le monde, ainsi que sur les programmes des retraites et nos autres activités, nous vous invitons à consulter notre site Internet ou à contacter notre siège international :

www.yogananda-srf.org

Self-Realization Fellowship
3880 San Rafael Avenue
Los Angeles, CA 90065-3219, U.S.A.
Tél +1(323) 225-2471

BUTS ET IDÉAUX
DE LA SELF-REALIZATION FELLOWSHIP

Tels que définis par le fondateur, Paramahansa Yogananda
Présidente: Sri Mrinalini Mata

Répandre parmi toutes les nations la connaissance de techniques scientifiques définies permettant de faire l'expérience personnelle et directe de Dieu.

Enseigner que le but de la vie est de faire évoluer, par l'effort personnel, la conscience mortelle et limitée de l'homme jusqu'à lui faire atteindre la Conscience de Dieu; et, à cette fin, établir dans le monde entier des temples de la Self-Realization Fellowship pour communier avec Dieu et aussi encourager l'établissement de temples de Dieu individuels dans le foyer et dans le cœur de chaque homme.

Révéler l'harmonie complète et l'unité fondamentale existant entre le Christianisme originel, tel que Jésus-Christ l'a enseigné, et le Yoga originel, tel que Bhagavan Krishna l'a enseigné; et montrer que les principes de vérité qu'ils contiennent constituent le fondement scientifique commun à toutes les vraies religions.

Indiquer la voie divine universelle où tous les sentiers des croyances religieuses véritables finissent par aboutir: la voie de la méditation quotidienne, scientifique et fervente sur Dieu.

Affranchir l'homme de sa triple souffrance: maladies physiques, discordances mentales et ignorance spirituelle.

Favoriser « une vie simple doublée d'un idéal élevé » et répandre parmi tous les peuples un esprit de fraternité en leur enseignant le fondement éternel de leur unité: leur parenté avec Dieu.

Démontrer la supériorité de l'esprit sur le corps et de l'âme sur l'esprit.

Triompher du mal par le bien, de la peine par la joie, de la cruauté par la bonté et de l'ignorance par la sagesse.

Unir science et religion en réalisant l'unité de leurs principes fondamentaux.

Favoriser la compréhension spirituelle et culturelle entre l'Orient et l'Occident ainsi que l'échange de leurs qualités respectives les plus nobles.

Servir l'humanité comme son propre Soi universel.

AUTOBIOGRAPHIE D'UN YOGI

Cette œuvre autobiographique, unanimement appréciée, brosse le portrait fascinant d'une des plus grandes figures spirituelles de notre temps. Attachante par sa franchise et son pouvoir évocateur ainsi que par l'esprit de Paramahansa Yogananda, elle retrace l'histoire captivante de sa vie – les événements de son enfance remarquable, ses rencontres avec nombre de saints et de sages lorsque, adolescent, il parcourait l'Inde à la recherche d'un maître ayant atteint l'illumination divine, ses dix années de formation spirituelle dans l'ermitage de son maître de yoga vénéré et les trente années pendant lesquelles il vécut et enseigna aux États-Unis. Ce livre relate aussi ses rencontres avec le Mahatma Gandhi, Rabindranath Tagore, Luther Burbank, la stigmatisée catholique Thérèse Neumann et avec d'autres personnalités spirituelles célèbres d'Orient et d'Occident.

Autobiographie d'un Yogi est non seulement le récit fort bien écrit d'une vie exceptionnelle, mais aussi une lumineuse introduction à l'ancienne science du Yoga et à sa pratique séculaire de la méditation. L'auteur y explique clairement les lois subtiles, mais précises, qui sous-tendent les événements ordinaires de la vie quotidienne ainsi que les événements extraordinaires qu'on appelle communément « miracles ». L'histoire passionnante de sa vie campe ainsi le décor permettant au lecteur d'obtenir une vision profonde et inoubliable des mystères essentiels de l'existence humaine.

Considéré de nos jours comme un classique en

matière de spiritualité, ce livre a été traduit en plus de vingt langues et de nombreuses universités l'utilisent comme texte de base et ouvrage de référence. *Autobiographie d'un Yogi* n'a cessé d'être un succès en librairie depuis sa parution, il y a plus de soixante ans et a réussi à toucher le cœur de millions de lecteurs dans le monde entier.

———————

« Un récit hors du commun. » *THE NEW YORK TIMES*

« Une étude fascinante et clairement annotée. » *NEWSWEEK*

« Rien de ce qui a jusqu'à présent été écrit en anglais ou en toute autre langue européenne ne surpasse cette présentation du yoga. » *COLUMBIA UNIVERSITY PRESS*

PUBLICATIONS DE LA SELF-REALIZATION FELLOWSHIP DES ENSEIGNEMENTS DE PARAMAHANSA YOGANANDA

Disponibles en librairie ou directement auprès de l'éditeur :

Self-Realization Fellowship
3880 San Rafael Avenue • Los Angeles, CA 90065-3219, USA
Tél +1(323) 225-2471 • Fax +1(323) 225-5088
www.yogananda-srf.org

TRADUITS EN FRANÇAIS

Autobiographie d'un Yogi
À la Source de la Lumière
Ainsi parlait Paramahansa Yogananda
La Loi du Succès
Comment peut-on converser avec Dieu ?
La Science sacrée
Relation entre Gourou et Disciple

LIVRES EN ANGLAIS

The Second Coming of Christ: *The Resurrection of the Christ Within You*
Un commentaire révélé des Évangiles l'enseignement originel de Jésus.

God Talks with Arjuna; The Bhagavad Gita
Une nouvelle traduction de la Bhagavad Gita et un nouveau commentaire.

Man's Eternal Quest
Volume I des conférences et propos informels de Paramahansa Yogananda.

The Divine Romance
Volume II des conférences, propos informels et essais de Paramahansa Yogananda.

Journey to Self-Realization
Volume III des conférences et propos informels de Paramahansa Yogananda.

Wine of the Mystic: *The Rubaiyat of Omar Khayyam —*
A Spiritual Interpretation
Un commentaire inspiré qui nous fait découvrir la science
mystique de la communion avec Dieu, dissimulée derrière les
images énigmatiques des *Rubaiyat.*

Whispers from Eternity
Un recueil de prières de Paramahansa Yogananda et de ses
expériences divines dans des états élevés de méditation.

The Yoga of the Bhagavad Gita: *An Introduction to*
India's Universal Science of God-Realization

The Yoga of Jesus: *Understanding the Hidden Teachings*
of the Gospels

In the Sanctuary of the Soul: *A Guide to Effective Prayer*

Inner Peace: *How to Be Calmly Active and Actively Calm*

To Be Victorious in Life

Why God Permits Evil and How to Rise Above It

Living Fearlessly: *Bringing Out Your Inner Soul Strength*

Metaphysical Meditations
Plus de 300 méditations, prières et affirmations pour favoriser
l'élévation spirituelle.

Scientific Healing Affirmations
Avec une explication approfondie de Paramahansa Yogananda
sur la science de l'affirmation.

Songs of the Soul
Poésie mystique de Paramahansa Yogananda.

Cosmic Chants
Paroles et musique de 60 chants de dévotion avec une introduction expliquant comment le chant spirituel peut conduire
à la communion divine.

ENREGISTREMENTS AUDIO DE PARAMAHANSA YOGANANDA

Beholding the One in All
The Great Light of God
Songs of My Heart
To Make Heaven on Earth
Removing All Sorrow and Suffering
Follow the Path of Christ, Krishna, and the Masters
Awake in the Cosmic Dream
Be a Smile Millionaire
One Life Versus Reincarnation
In the Glory of the Spirit
Self-Realization: The Inner and the Outer Path

AUTRES PUBLICATIONS DE LA SELF-REALIZATION FELLOWSHIP

Un catalogue complet des livres et des enregistrements audio et vidéo de la Self-Realization Fellowship est disponible sur demande.

The Holy Science de Swami Sri Yukteswar

Only Love: Living the Spiritual Life in a Changing World de Sri Daya Mata

Finding the Joy Within You: Personal Counsel for God-Centered Living de Sri Daya Mata

God Alone: The Life and Letters of a Saint de Sri Gyanamata

"Mejda": The Family and the Early Life of Paramahansa Yogananda de Sananda Lal Ghosh

Self-Realization *(magazine trimestriel fondé par Paramahansa Yogananda en 1925)*

LES LEÇONS DE LA SELF-REALIZATION FELLOWSHIP

Les techniques scientifiques de méditation enseignées par Paramahansa Yogananda, y compris le Kriya Yoga – tout comme ses instructions sur les différents aspects d'une vie spirituelle équilibrée – sont exposées dans les *Leçons de la Self-Realization Fellowship.* Pour de plus amples renseignements, veuillez nous écrire afin de recevoir la brochure gratuite d'introduction en français *Qu'est-ce que la Self-Realization Fellowship?* ou notre brochure gratuite *Undreamed-of Possibilities* disponible en anglais, en espagnol et en allemand.

96

TABLE DES MATIÈRES